U0112041

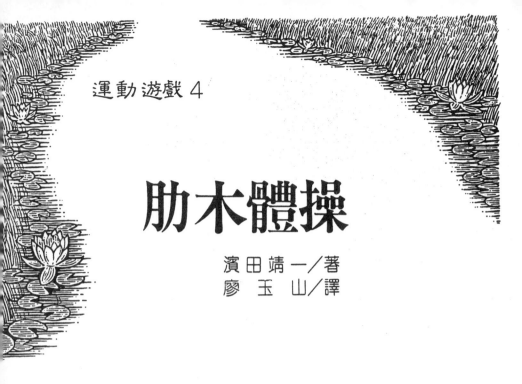

運動遊戲 4

肋木體操

濱田靖一／著
廖 玉 山／譯

大展出版社有限公司

序　文

　　目前體育館中使用率最少，且幾乎已成裝飾物的器材似乎是「肋木」吧。甚至有人對「肋木」一詞毫無所知。然而「肋木」對「祖父」「祖母」級的人而言，是最親密的運動伙伴。他們都曾在肋木身上攀爬、懸吊、翻滾。雖然肋木現今已成爲體育館內的藏物，變成形式上的擺飾，但它卻是歷史悠久，不但重要且必要的器材。至今在體操盛行的國家隨處做爲練習的它器材或玩樂其中的，就是肋木。

　　肋木之所以漸漸失去使用價值，有其各種的原因。人們容易生厭的習性也是其中之一。而缺乏競技性、遊戲性也可能是原因之一吧。

　　另外，未曾顧慮時代的轉移或興趣而研究其使用法，也可能是使肋木運動式微的原因。以日本爲例，明治末年到大正初期間肋木在全國學校做爲運動器材使用時，由於當時日本沒有體育館而建造在學校的操場。

　　肋木原本是室內用的器材，如果建造在任由風吹日曬的室外，會立即腐爛而變成帶有危險性的器材，不久不再爲人使用甚至被禁止使用而從學校操場撤離。這應該是最重大的原因。

　　第二次世界大戰後不論學校乃至城市、鄉鎭陸續建造體育館。由於體育先進國家的體育館都有肋木器材，因而隨俗建造。因此，對日本而言這是肋木重踏扶桑之土，令人有「

睽違已久」之感。但是，曾經利用肋木做過運動者都已邁入老年，對年輕一輩人而言，肋木是令人不知如何相處而引發不了興趣的器材，於是漸漸地變成體育館內的虛設物。

筆者認為具有傳統歷史又卓越的運動器材，不應淪落為廢物的下場，在新時代的體育活動中應善盡其用，這正是執筆本書的目的。

但是，並非以「留之無用、棄之可惜」的心態來使用。而是因它在現代社會的各個生活角落有其必要性，希望給予活用。因為，基於生涯體育的觀點而言，肋木器材的適應性非常廣泛，從幼兒乃至老年無一不是，尤其是現今兒童的軀幹出現異常日增的時代，肋木運動有助於建立正確姿勢的基礎。也有人將其應用在身體障礙者的體能鍛鍊或病後的復健。筆者認為這方面的活用乃是今後重大的課題，應做為研究的對象。健康的保持或鍛鍊體力不要一味追求趕流行的時代寵物，若非找到真正有益且能實際參與其中，則難以達到效果。

肋木的肋是指人體的肋骨。從前，對於一無是處者以「雞肋」為譬喻。雞的羽毛、皮、內臟、蛋都是有用之物，但胸腔上的數根肋骨卻一無是處，因而有這個語詞的誕生。但是，目前大家已漸漸明白肋骨間的肌肉（肋間肌）最美味可口。尤其是牛的肋間肌是朝鮮料理最上等的名品，稱為ＫＡＲＵＢＩ。

舊約聖經中也提及神取人的一根肋骨創造了一名女人。結果人看見那名女人說：「這正是從我的骨頭取出的骨、我

的肉分出的肉。就命名爲女人吧。因爲，她是從男人身上取出來的。」但是，神並非因有太多的骨頭而從肋骨創造了女人。而是因創造男人另一半的是非常重要的骨骼，而使用了肋骨。此後人和「從我身上的骨骼取走的骨骼、我的肌肉取走的肌肉」的那名女人生育了人類的子孫。

所以，也許肋骨是命中注定男女間、親子間所使用的器材吧。雖然這個解釋有點穿鑿附會，然而從尚未有所謂「鍛鍊體力」說法的半世紀以前，體育界的先驅者已發現肋木的優點，並做了介紹，筆者希望在現今的時代也能善用肋木效果並充分體驗其特有的創意與效果。

平成３年８月　作者

目　錄

序　論

「肋木」器材的性質與目的

肋木的名稱與性質

肋木的英語是 Wallber 直接翻譯是壁棒。日本明治維新之後介紹到日本的運動競技或體育、體操的用具非常多。

這些名稱有些直接引用，而多數變更為日本名稱。勉強變更為日本名的用具中有許多顯得相當拗口。但是，Wallber 並不直接譯成壁棒，命名無肋木可謂傑作。不知是誰做這樣的命名，也許是從構成人體胸廓的肋骨或連接肋骨的胸骨、脊柱所獲得的暗示吧。也許其中隱藏有擴張由肋骨構成的胸廓或矯正駝背的器材的意圖。筆者認為這是非常貼切的名稱。

德語稱為 Sprossen Wand、法語稱為 Barres suedoises。

根據『體育大辭典』（不昧堂）的解釋—瑞典體操的代表性器材，本來設置在室內，在日本多數設置在戶外。戶外設備的肋木，有木柱掩埋在地中及移動式兩種。肋木是由約 2.5 公尺的兩根木柱間平行固定十數根橫桿而成，而上部的橫桿可以拆卸下來。它主要是做為伸展運動的矯正器材。尤其是胸後屈等是其代表。布克（丹麥的體操家）就運用肋木創造了各式各樣伸展的、力的運動。

由於價格昂貴卻使用價值少，以及可用簡單的橫桿給予取代等原因，現今幾乎不再使用肋木，但在歐美國家已認定，其做為輔助運動的價值，利用度高是體育館內的常備器材

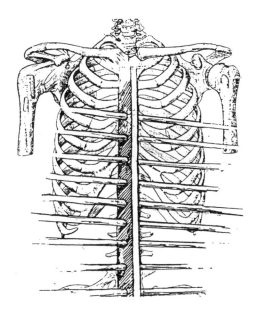

肋木乃肋骨的連想

一。誠如文中所言，在日本肋木已變成乏人問津的器材之一
。與肋木同一項所介紹的有橫桿、體操台（椅子），但這些
具有矯正性卻非競技性，又可以其他器材取代的設備，並無
法落實於日本的學校體育中。但是，基於需要而有創造的歐
洲肋木，可謂善盡其用。誠如外型類似雖可用其他物品替代
，但湯匙卻不能做為耳扒子使用，外型類似的懸垂器材雖多
，卻也有許多只有肋木才能做的運動，在日本對於肋木器材
除非確實地感受到其應用的價值，否則對肋木仍抱有無用之
材之感。但是，肋木最初介紹到日本的時代和現今人們對健
康的慾望，已有極大的認知上之差異。顧及這一點，今後應

善加的利用。

肋木的規格　材料

　　一般認爲木柱、橫桿以檜木最適宜。當然，並非只能用檜木。只要牢固不會斷裂任何材質都行。

　　筆者曾經在某學校的操場看過鐵製的肋木。我親身在鐵製的肋木上攀爬運動，總覺得有點不適、不方便使用。我覺得從木材本身具有的暖和感、給肌膚的觸感等方面來比較，還是以木材最佳。若放在室內經年累月不壞。

尺寸

　　高　220公分～250公分

　　最上層的締木和第一橫桿的間隔約１２公分肋木的柱與柱之間、內側爲 85 ～ 90 公分。

　　柱口寬幅 7 公分厚度 14 公分的角材

　　橫桿的粗細直徑 4.5 公分

　　第一橫桿到第二橫桿間的間隔

　　　　小學　　55 公分～ 60 公分

　　　　中學　　60 公分～ 67 公分

　　各橫桿的間隔（從中心到中心之間）

　　離地面到第五桿

　　　　小學　約 10 公分

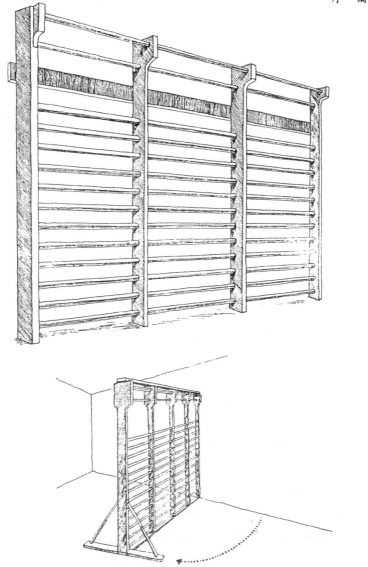

中學　約 12 公分

上方的橫桿

小學　約 15 公分

中學　約 17 公分

　　肋木並非競技用的器材，因而不會造成違規的狀況，在製作上只要求方便使用。

　　日本教育部有一個管理局，該局設定各種教育用品的基準，做爲體育器材的肋木規格也由其所訂。（筆者也曾是體育用品基準調查委員）

　　此外，也有單邊移動壁面，變成雙面可使用的肋木。

肋木的特徵

　　若要保持圓滑的人際關係必須充分理解對方的性格。而對象是器材時，也有類似的情況。

　　換言之，理解所使用器材的性格，掌握其優缺點才能善盡其用。首先必須抱有與器材長久相處的態度。誠如人與人之間在交際往來上有其要領，與器材接觸時也應懂得要領。與器材之間的接觸所指的當然是使用法。而所謂要領，乃是一開始就喜歡上該器材。爲了使人喜歡上器材，必須從簡單的運動循序漸進地熟悉器材的特性，若是兒童，當然是從遊戲開始接觸器材，事先準備無危險性的遊戲也是方法之一。

　　肋木並不使用在競技運動上（雖然並非使用後，發現不能使用，但肋木的確不適宜）。換言之，肋木質材雖不出眾

卻可以做爲鍛鍊健康的伙伴，它可以說是具實呈現祈求身體
正常發育的瑞典體操的目的。正常的發育刺激或矯正、補強
、補償等體操方面的效果，可以呈現在表面上，乃是肋木的
特徵。

　　當然，若像鐵棒只有一根橫棒的器材，因其四周的空間
大很方便做晃動、回轉的運動，而像肋木其間有多數橫桿活
動的範圍當然受到限制。但是，從另一方面而言，正因爲活
動受到限制，才可以把動作部份抽樣而正確地進行。

　　肋木和體操競技的器材一樣，難以做回轉、振動的運動
，一般而言無法發揮動作的速度感，因而靜態的運動較多。
不過，這倒和姿勢的矯正或持久力、增進柔軟度的運動相結
合。利用肋木器材做舒展體操最適宜。

肋木的使用法

　　肋木的使用以插入式或併用式的方法爲適當。亦即並不
只利用肋木做運動，可在徒手體操間進行或慢跑出汗後、競
技運動練習後的矯正、補償時來使用。

　　①使用的時機

　　使用肋木的運動通常是徒手體操做完之後，或在體操的
途中插入來練習。

　　簡言之，多半是使用於徒手運動中覺得不夠充分或更需
加強的運動、補償性的矯正運動的補充。當然，也可以只利
用肋木做運動，這一點並沒有錯誤或不對。但是，應充分考

身體和肋木

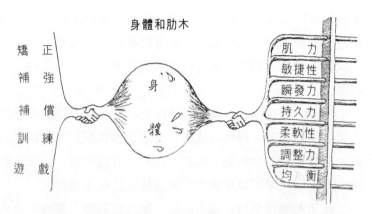

矯正		肌 力
補強		敏捷性
補償	身體	瞬發力
訓練		持久力
遊戲		柔軟性
		調整力
		均衡

可將肋木運動插入徒手體操、競技運動、舞蹈、遊戲之間進行。

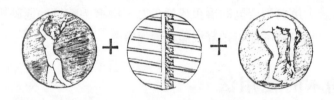

慮引導式的準備運動的使用法，或如何移轉到主運動的內容，事前做好計劃再實行。

　　根據運動的方法也有抵抗運動或抗重運動，因而只憑體力或興趣使然的使用法並無法達到效果，也難以持久。強烈運動應該是身體變得暖和有點冒汗時再進行，尤其在冬季應重視這一點。

　　肋木是機能多而安全的器材，但卻不能保證毫無傷害。必須遵守使用法、使用順序，尤其是團體做肋木運動時以競爭的方式進行的情況，必須使參與者嚴守注意事項（決定禁

忌）或約定。

　　②應該根據技藝的能或不能配合使用方法。

　　利用肋木器材可以具體的呈現跳躍的跳箱層次或用鐵棒踩跳等使用器材的情況。而利用肋木的運動當然有其難易度，且需具備高強度的技術，但不可抱持已經習得某項技藝即已ＯＫ不必再練習的觀念，而應具體的實現是否能做出與肋木器材的性質配合的動作或姿勢。

　　③注意運動的正確性和部份性

　　人的身體是一個統一的結構，若將身體各部份當成絕緣狀態，對各部做刺激或鍛鍊是毫無意義，這個觀念應該給予肯定。但是，身體各部有其各自不同的活動使命，既然具有各不相同的型態或性質，若顧慮各部份機能提高及對整體的影響，部份性的鍛鍊也非矛盾。以現今瑞典體操正迅速地脫胎換骨的現狀而言，瑞典體操的出發點既然是以生理解剖學為根基，且肋木是瑞典體操所造就的器材，因而姿勢的矯正、保持正確性、做生理性極限的舒展等，無庸贅言乃是其目的。瑞典體操的創立及其歷史過程，是經過仔細整理而系統化的透明身體訓練的分野，肋木運動具備能充分維持瑞典體操的原始性性格。

　　④明確訂定運動的目的

　　當然，也有運動中最好不要使用肋木的運動，換言之，肋木會在這些運動中造成障礙。

　　因此，使用肋木時應挑選肋木特具效果的運動，方便使用肋木的運動、必須利用肋木的運動等等，思考運動的所以

及所要鍛鍊的部位，清楚的訂出目標。譬如，

　　1．擴大關節的可動性（柔軟度）。

　　2．矯正胸部等的不正。

　　3．強化肌力（腳力、腹肌、背肌等）

　　4．增強持久力。

　　5．復健（醫療體操性）。

應充分理解對身體某部份做何種刺激再進行肋木運動。

⑤巧妙利用音樂做規律性的運動。

　在各種身體活動的層面上引進音樂，使動作和音樂的距離漸漸拉近或成爲一體化，似乎是最近體育界的特徵之一。在體操的指導或實施上以往常有鋼琴的伴奏或使用大鼓、鈴鼓。而最近則經常使用錄音帶。本來肋木運動鮮少有人使用音樂，但筆者認爲今後應儘量配合音樂來運動。體操競技中的地上運動或手具體操，尤其是新體操競技的音樂，發揮了極大的效果，但肋木運動使用音樂的歷史非常短，如何巧妙地與音樂配合，也許是今後的課題之一。

　筆者認爲若是幼兒，最好是以一邊唱歌一邊運動的方式來實施。

建立迎接二十一世紀的姿勢

　　教育部的指導要領中從未提及有關姿勢或姿勢教育的問題。但是，坊間卻常聽到對於兒童的身體姿勢不正等話題，且已造成問題。

　　令人不可思議的是，在現今學校體育的指導中何以未曾正視兒童姿勢的問題。

　　姿勢教育不在體育的範疇之內嗎？

　　姿勢教育已落伍嗎？

　　帶有軍國主義的色彩嗎？

　　或者在體能訓練中已包含姿勢的教育而不需特別訓練？其實姿勢教育的方法有許多嶄新而愉快的方式，筆者認為應該從和以往不同的視野、嶄新的觀點對姿勢抱以關心，或開發令人產生興趣的指導法。競技運動都有其各自的姿勢。只要養成應有的姿勢自然會建立良好姿勢，因而有人認為根本無需再談論姿勢教育的問題。的確，揚名競技壇上的選手都有優美的姿勢。他們所展現的可以說是一種機能美。但是，優美姿勢的必要條件是效率和少疲勞，累積多數練習的結果才能獲得，而這和健康並無直接關係。正確姿勢和良好架勢並無不同然而卻是其基本上應有的條件，我衷心渴望不論學校或競技場應導入建立迎向二十一世紀的兒童姿勢的鍛鍊。

日本的學校體操和肋木

　　肋木是和瑞典體操一起盛行於世界中的體操器材。日本
的體操是以學校教育為其接納機構，因而肋木首先出現在學
校內。

　　如前所述是用 Wallber 沿著壁面所製造的器材。換言之
，是利用體育館內壁面的器材，這乃是肋木的定位。不過，
日本在大正二年左右決定採用瑞典體操時，在學校內幾乎都
沒有稱得上體育館的建築物。因而將原本屬於室內體操器材
的肋木設置於操場上。

　　當時是設置在日本各中小學的操場。結果彷彿「肋木應
該建造在學校操場」而在全國各地紛紛效法。至於其活用法
也在各位老師的教育下於體操時間使用，而休息時間常見兒
童們在肋木爬上爬下玩樂。

　　但經過二、三年後卻開始發生了不妙的事態。那是應該
建造在室內壁面的器材，因情勢所逼建造在室外所造成的問
題。多雨的日本使肋木容易腐壞。

　　尤其是潛入支柱面的橫棒的接縫因滲水產生動搖，而且
變得脆弱，懸掛其上時會突然鬆落下來。或者肋木本身傾倒
一側而無法攀登，甚至還看到貼上禁止使用標示的肋木。雖
然肋木上塗有防銹的藍或褐色的塗料，但接合處多的肋木是
不適合室外的風吹雨打。

　　結果原本是為了鍛鍊兒童體魄做為體操器材使用的肋木
，卻變成可能對兒童造成傷害的器材。原本帶有新鮮感跨海
渡洋而來的運動器材，漸漸地變成學校操場上惹人嫌棄的存
在。不久，在昭和初年引進低鐵棒並建造在學校操場的角落

。當時的鐵棒深受兒童們的歡迎，隨時可見兒童們在鐵棒上穿梭著遊戲。

因此，教育部認爲可利用低鐵棒取代肋木運動，不再推廣肋木的使用。隨即可能發生危險的肋木在上級的指示下撤去，令現場指導者大鬆一口氣，從此之後肋木隨即從學校操場消聲匿跡。

經過數十年的歲月，在日本各地的學校已陸續建造體育館。

體育館的搭建當然是以歐美或體操先進國的北歐等體育館爲參考。但是，歐美各個體育館在壁面都設置有肋木。

雖然可以想見那是體操用的器材，卻因不懂其使用法而沒有裝置或裝置後因指導者不知如何應用，變成虛設。但是

從東京奧林匹克之後掀起了一股鍛鍊體力的風潮，使得肋木再度粉墨登場。

這是因為鍛鍊體力的運動促成各國情報與交流的頻繁。

外國體育館中設置的肋木有極高的存在價值，事實上也廣泛地受到使用，而其使用法多采多姿。因此，最近的體育館都有肋木的設置，使用者也陸續地增多。相信今後會有越來越多懂得如何善用肋木的指導者。對肋木的理解及使用法的進步必定會對今後的體操界帶來一臂之力。

筆者認為現今應確實地掌握雖然樸實，卻具有傳統歷史的運動器材的優點。在鍛鍊體力的風潮鼓動之下，各體育館都大量引進做為鍛鍊體力器材使用、的價值高昂的美製器材，但器材本身無法給人體帶來任何益處。正如材質樸素的木製玩具，結果比閃閃發亮的電器製品類的玩具終究成為兒童們遊戲的長久伴侶，器材的使用完全操之在人，應該不要被器材所控制而巧妙地善盡器材，從而獲得更為有益的健康。

換言之，應該活用肋木的樸素感，不要被電器器材所操縱，應自己下功夫以主導的態勢來建立自己的體魄。因為，身體是自己的。

體育器材和廚房用品一樣，必須經常使用才能駕輕就熟。在序文也曾提起肋木具有今後日漸盛行的復健或身體障礙者從事的體育中應善加活用的機能。

肋木雖然樸實卻是必要的器材

　　所謂「良藥苦口」一般的矯正運動或補強運動多少都會
令人感到痛苦。

　　但這是令人感到暢快的痛苦，而非不快的虐待。感覺痛
苦乃是個人平常不使用的部位或肌肉的脆弱之處、缺乏柔軟

度的證據，應該甘之如貽。但是，並非因此而以「先苦後樂」或「苦盡甘來」的態度，以肋木令學習者接受苦刑。

肋木並非拷問的道具，也決不會變成令人受苦的器材。而是循序漸進的一點一滴反覆足可忍耐的一點痛苦。最重要的是以退一步進兩步的耐性來練習，使用肋木最忌諱急功好進。最好是能對身體造成持續性發達刺激。

在此再三強調的是，使用肋木最重要的是不要被其操縱而居於主導的態度。有的人對於五項才藝只能使用五項，而有人則可觸類旁通做到十或十五項。體育中所使用的器材應該留意融會貫通及創意的功夫。

鐵棒或鞍馬可以說是從自然或生活中的利用形態而出發，相對地肋木通常是人為的、具有目的、意圖的器材。鐵棒可以說是垂吊在大自然的樹木橫枝上運動的延長，鞍馬則源自在馬鞍上練習騎馬，至於肋木則帶有人類為了健康而製作出來的強烈傾向。

身體的結構和歷史

日本雕刻家、詩人高村光太郎在二次戰後流離到岩手的山內時，曾賦有一首「人體肌餓」的詩句。那是我非常喜愛的詩句之一。在此節錄其中一節。

渴望衝撞著胸膛。
啃咬冰雪向暗夜的天空吶喊。

雪女出來吧！

抓住這個雕刻家吃了他！

這時雕刻家用雪雕塑。

妳那柔軟的胴體。

具有彈力的兩個隆起、

那處帶著陰影的陷没、

那背面地帶和膨滿部。

　　這段詩句中所提的背面的平滑地帶乃是人的背部。不像人體的前方有胸部、乳房、腹部、肚臍等妖豔道具的背面是一片平滑，簡直是没有一點脂粉味的平滑地帶。

　　但是，自古以來所有的藝術家不論是繪畫或雕刻中，都留下許多讚賞背部曲線美的作品。筆者個人認爲這也許是人的背部在平淡無奇的表面下隱藏著機能上的美吧。

　　背部皮膚的下層是由僧帽肌、菱形肌、廣背肌、外腹斜肌等以脊柱爲中心，彷彿高度的甲板一樣重疊一起。而且極爲調和地組織在一起。它彷彿是由三角、菱形、紡錘形製造的圖案，也似乎是由各種樂器彈奏而成的樂章一樣。而到達接近骨骼的深層部時，似乎特別準備周到的由骨和肌肉、腱精密地組合一起。它彷彿是前衛繪畫或幻想式的圖形設計家的作品一樣地美麗。

　　這些都是從匍匐生活的四足動物經過數百年的努力與智慧結晶，變成雙足直立步行的人類，其間演變過程的年輪一樣，同時，這些肌或腱也是讓原本和地面呈平行狀的脊柱慢

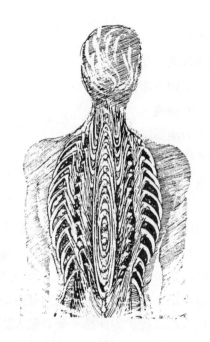

慢往上拉起，呈垂直狀的功勞者。

　　距今約六億多年前，身上擁有硬殼的動物如珊瑚、海星、卷貝、三葉蟲等出現在海上世界。這些用有如冑鎧的硬殼防固身體的動物，具有超強的防衛力，但肢體動作不靈活又缺乏速度感及行動力而被淘汰。

　　因為，外面沒有冑甲般的硬殼，卻在體內擁有骨骼（背骨）的新型架構的動物出現了。牠們雖然外表不堅硬體內的中心骨卻有許多關節，不但方便活動，還具備有紮實支撐身體肌肉的機能。雖然她牠們的外表比擁有硬殼的的動物脆弱，但卻可以學習輕巧的運動及速度、運動機能。這乃是最初的魚類。

　　魚類和帶有許多限制的硬殼動動物不同，由於能在水中經濟性地運動展現出流線型的體態，而其尾部及鰭又具有方向轉變、抑制的功能，因而數目日漸增多，種類也層出不窮，一再交換世代持續進化後，魚類終於成為水中的支配者，甚至霸佔了深水的海域或嚴峻高山裡的溪流。

　　魚類中部份喜好冒險的魚慢慢地從水中往陸上進軍，終於獲得肺呼吸能力的，是距今約四億年前。

　　不久，史上出現了兩棲類再發展為爬蟲類。爬蟲類的全盛期是距今約二億年前。現存的脊柱動物幾乎都是爬蟲類子孫。而我們人類若要追溯遠古調查其系譜，其出發點也是原始的爬蟲類。

　　仔細看人背部的淺層部的肌肉、僧帽肌、菱形肌、廣背肌等必可發現人類從猿人進化到原人、舊人、新人的過程中雙腳變雙臂、藉由推、拉、投、轉、垂懸、勞動或生活的瑣事而慢慢地形成像是人類的肌肉。

　　再看深層部的肌肉，必可認識到足以稱為脊椎動物以脊椎為中心的身體構造。

　　位於脊椎中央的棘突起，彷彿珍珠呈橢圓形由棘肌圍繞而成，其整體有如由悠游在太古海域中的魚類一樣，呈流線型，它彷彿是進化的紋路或年輪。而位於鰭兩側的腸肋肌緊緊附著在肋骨上，卻可看出其一段段進化的階段。當然，這是筆者個人看深層肌的感覺。

　　最後再引用高村光太郎的詩句。

脊椎再進化。

變成頭蓋、骨盤。

左右的突起變成手足。

腱操動、肉活動、

皮膚將一切隱藏在內

又將一切細膩地暴露出來。

　　如果每個人都能想到任何人都具有如此美麗、那麼神聖的身體構造，應該會重視生命而愛惜自己的身體。同時也會想到應該訓練如此精密而合理的身體做合理的動作。爲此而誕生了體操並一路發展過來。回想隱藏有這般引人省思的歷史的身體的問題，在指導肋木運動時也感到樂趣無窮。

身體的結構和肋木

　　人體是 200 多個骨由 500 以上的肌連結、包含而成人體的姿勢。而其中心、成爲脊柱的骨並無法自己活動，是藉由肌才產生運動。

　　我們可以把骨和肌的關係用槓桿和紐（肌）的關係來比喻。槓桿是指已改變所賦予的力量大小爲目的所使用的木棒。木棒（這時指的是骨）若要做爲槓桿來使用，必須有重點、力點、支點等三點。而根據這三點的位置也會改變槓桿的動作。換言之，支撐點在何處？何處有紐（肌）會改變其動向。它可大致區分爲三項。其一是支點位於力點和重點的中

央，彷彿是翹翹板的形式，其二是重點位於支點和力點的情況，其三是力點位於支點和重點之間。因此，必須知道骨的那個部份連結著肌。

　　但是，人體上的肌並不一定是力的作用，它還具有合理地結合身體的各部份並保護內臟諸器官的機能。

　　因此，在這個項目舉二、三例來說明身體各部肌的結合性、骨的那些位置和肌（腱）結合一起。

　　指導體操時最重要的並非默記肌或骨的名稱，而是理解身體的結構和機能。筆者認為以知識學習並實際以動作來理解，從這兩方面來面對體操是非常重要的。這也正是以必要和理解為基礎的體操的文化財的特徵。

骨和肌和運動

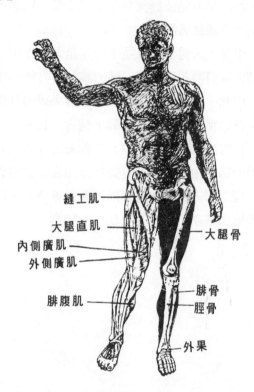

縫工肌
大腿直肌
內側廣肌
外側廣肌

腓腹肌

大腿骨

腓骨
脛骨

外果

　　肋木並非爲了遊戲或競技運動，乃是祈求身體的正常發育、發達而建造成的器材。

　　因此，若要有效地使用肋木，必須使身體的結構配合肋木。

　　爲此，在此例舉二、三極爲基本的解剖學的圖解做爲參考。

腳

　　腳是由骨關節和多數肌肉結合在胴體（腰部）。而腳本身是由強韌且能機能性活動的大腿、小腿、足部所結合。腳和手臂被認爲是相同器官，所以，本來是以前腳、後腳共同擔任胴體的搬運，但當人類採取站立姿勢之後，搬運身體的工作由腳獨立擔當，歷經一百萬年的歷史背負這個使命至今。

　　因此，雖然沒有手臂的靈活或正確，卻在漫長的歷史中培養出支撐上體並搬運或站、坐等強力、敏捷性、持久力。

縫工肌

　　連接骨盤和下腿的骨（脛骨）。因此，作用是股關節、膝關節的曲伸、大腿向外繞轉時。

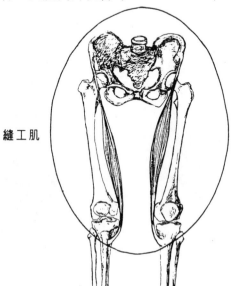

縫工肌

三角肌

　　從上部結合手臂和胴體的肌肉，起自稱爲肩部的肌肉、鎖骨和肩甲骨的外側連接到上臂骨。和手臂往上抬舉往前、往後伸展的運動有關。也是對感情有敏銳反應的肌。

大胸肌

　　廣背肌是從背部結合胴體和手臂，而大胸肌則結合與其相對的體前、胸廓前的胸和上臂。換言之，起自鎖骨的三分之二和領帶狀的胸骨及第五肋骨而延伸到上臂骨。

　　如圖所示大胸肌呈巨大的扭曲（交叉）狀，上臂上舉時這個扭曲會回復而擴展胸廓，有助於呼氣運動。垂懸時重力加大而變得發達。

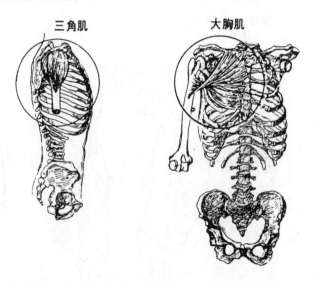

三角肌　　　　　　大胸肌

僧帽肌

　　和做法事時僧侶所戴的帽子類似，而稱爲僧帽肌。位於背部上部的巨大肌，其實倒像是風箏。

　　這個肌從其外型即可瞭解上部連接頭與背部，左右和肩、手臂有關，下部呈細長縮小延伸到脊柱。由於上部起自頭蓋骨底，因而和頭的側屈或後屈有關，左右和肩甲骨、鎖骨的運動、下部和背的運動等倒、屈有關。

內轉肌

　　腳雖然不似手臂的靈活，卻可以旋轉、扭曲。

　　內轉肌望文知意是使大腿內轉的肌。圖所表示的是長內轉肌，而短內轉肌則位於此肌的略上方。

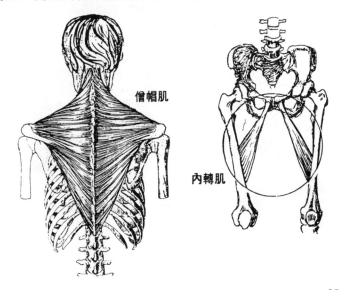

僧帽肌

內轉肌

上臂二頭肌

俗稱力球，是手臂的代表性肌肉。兩個頭的長頭起自肩甲骨，短頭同樣起自肩甲骨的烏口突起，在途中合而爲一連接到橈骨。這個肌收縮時手臂會彎曲而腹肌腫脹變成力球。稱爲曲肌。在相反側有上臂三頭肌做爲拮抗肌，上臂二頭肌收縮時三頭肌會鬆弛，三頭肌收縮時二頭肌則鬆弛。

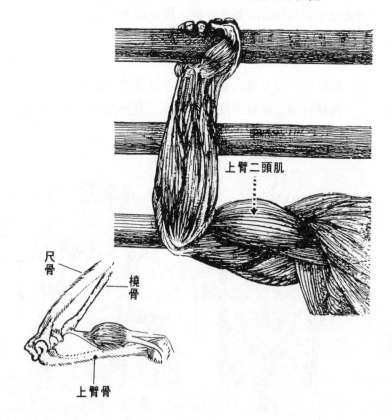

上臂二頭肌

尺骨
橈骨
上臂骨

腹直肌

　　腹部肌肉的代表是腹直肌。人的胸廓和骨盤在後方由脊柱所結合，而前方的腹並沒有骨骼只由肌肉結合。縱貫這個前面的平緩肌就是腹直肌。

　　腹直肌起自第五肋骨和第六肋骨連接到恥骨。身體鍛鍊得結實的年輕男子的腹部之所以呈一個個力球狀，乃是這個肌有三個或四個腱而造成的結。

　　腹直肌收縮時身體會往前彎。若要往後仰腹直肌必須充分地伸展。此肌肉長久不使用時腹部會變得鬆弛無力。營養攝取過剩會使這個部份蓄積脂肪而變成俗稱的酒桶肚。

　　腹圍是有無鍛鍊身體的指標，和健康或長壽也有關。

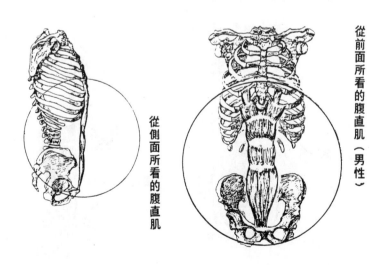

從側面所看的腹直肌

從前面所看的腹直肌（男性）

腸腰肌、大腰肌、小腰肌

將大腿骨和骨盤、胸椎、腰椎連接一起的是腸腰肌、大腰肌及小腰肌。

往上高抬腿部時，身體前彎的動作是這些肌肉的作用。

廣背肌

原稱闊背肌的巨大肌肉，從圖中即可瞭解是從脊柱連接胴體和手臂的肌肉。

背是由第七～第十二胸椎，腰是由全腰肌和腸骨稜所構成，手臂則連接在上腕骨。因此，用手臂懸掛在肋木時身體的背面以這個肌最爲活躍，體操選手的身體之所以呈倒三角形乃是因受這個肌肉發達的影響。

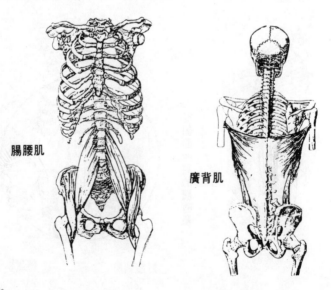

腸腰肌　　　　　　　廣背肌

外側鋸肌

雖然相對於側腹並沒有側胸的稱呼，但胴體上部的側邊正是胸部的側邊。

這部份呈鋸齒型連接到肋骨的是外側鋸肌。

這個肌從肩甲骨的椎骨側（內側）延伸到第一肋骨及第八～十肋骨，主掌肩甲骨的伸張與收縮。

內腹斜肌（側腹的肌肉）

深部側腹肌肉有一個呈帶狀橫跨在胸廓與骨盤之間的腹橫肌。內腹斜肌從其上的骨盤往斜上方呈扇狀展開，而其上方則由外腹斜肌從骨盤延伸到肋骨，彷彿甲板一樣在橫與斜面重疊成三層。而這些肌肉和腹直肌、肋間肌同心協力幫助胴體的側曲、側轉、側倒、回旋、前後曲等的運動。

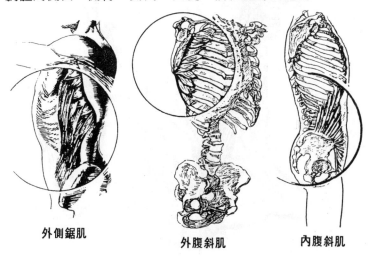

外側鋸肌　　　　外腹斜肌　　　　內腹斜肌

胸鎖乳突肌

連接耳後的乳嘴突起、後頭骨的外側及鎖骨、胸骨端的肌肉。和其他肌肉協力幫助頭的前後屈、側屈、側轉、回旋等頸部的運動主角。

頭部固定時胸廓會抬起，因而和姿勢有密切關係。如果壓迫這個部份的肌肉，會令人感到緊張。頭部轉向側邊會呈直狀出現，可以用手指觸摸確認。

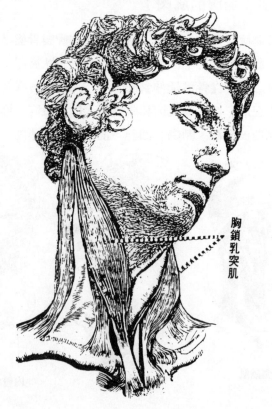

胸鎖乳突肌

第一章
實 技

大家一起玩，
和媽媽一起玩吧！

肋木遊戲

—培養用全身抓住的力量—

　　肋木和立體方格鐵架或樓梯類似，有許多用手抓、握的地方，因而最適合兒童在其中遊戲。它可以當做導向只憑藉手臂力量在鐵棒等器材上做運動的前階段的垂懸器材，而以同時運用手臂和腳這一點而言，它非常值得做為幼兒的進階性垂懸器材。

　　最近極盛行球類運動，兒童們也習慣於玩球或做投、接球的運動，但卻有許多兒童欠缺支撐全身的力量、以全身抓牢、黏著、緊握的肌力。同時，也有些兒童對於自己爬上高處會感到特別恐懼。但肋木可以自己選擇攀爬的高度，又能使用雙手雙腳，可以在帶著安全感的基礎下發展運動（遊戲）。

　　同時，正值脊柱的生理性彎曲漸漸形成的時期，讓兒童們利用垂懸做遊戲，特別有其意義。

　　健康的兒童會不停地反覆身體活動，這被稱為「自發性使用的原理」。當隨意運動發展到某個部位後，兒童會愉快地使用該部位，並以該部位為中心嘗試各種不同的運動。有人認為幼兒的運動完全是為了彌補橫阻在兒童與成年人之間的深溝。又如 Stanley Hall 所言，兒童的身體活動、遊戲乃是種族發展的個體性反覆 Recapitulation Theory，亦即兒童爬樹、玩捉迷藏、戲水等乃是人類從動物性時代發展為狩獵時代、農耕時代的種族進步，會在這類稱為遊戲的身體活動

1．大家和樂融融的使用同一個器材。
2．遵守順序或規則不妨礙他人。

中一再地反覆。總而言之，兒童會在某個時期對爬樹、鑽洞
或穴洞帶有強烈的興趣與慾望。而肋木是滿足兒童們渴望往
上攀爬的慾望且安全的器材。

大家一起來遊玩

☆側 走

爬上肋木往側邊移動。

1、面對肋木朝側邊左右移動腳步前進。

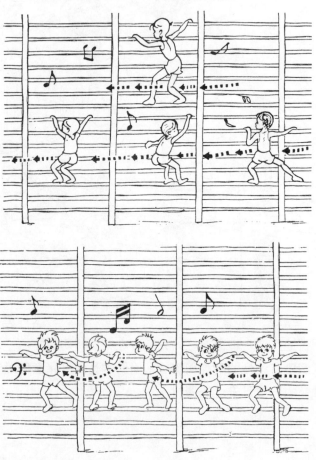

2、背向肋木朝側邊移動。

3、面對或背對用交叉雙腳的方式移動。

4、面對或背對交互變化朝肋木的方向並做反轉移動。

做這些運動最好能傾聽愉快的音樂或配合著曲子歌唱。

☆鋸齒移動

斜向攀爬肋木，碰觸到最高的橫木時往相對側的斜面而下，單腳碰觸地板。如此在最高點與最低點之間做鋸齒狀的移動。手臂和腳的操作彷彿在地上或地板上步行時一樣做交互動作或用右手右腳等自由地前進。

不過，往上攀爬時最好能規定必須一步步地上爬，而往下移時儘量跨大步幅進行。

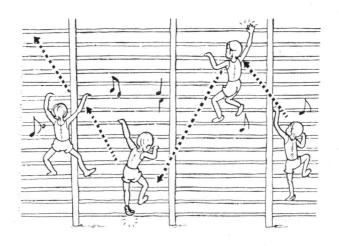

☆爬　山

分成兩組，從肋木的正反兩側攀爬。越過山頂時彼此互相禮讓越過。從另一側的地板開始再度爬上肋木，回到原來的位置。

☆大字型平衡

面向肋木爬上低矮的肋木上蹲踞。單手伸直手肘握住高處的橫桿，另一隻手握住採蹲踞姿勢時與肩同高的橫桿。接著從蹲踞的姿勢慢慢站起，改變四分之一的方向，將體重置於握住較高橫桿側的單腳上，另一隻腳往側邊抬起，伸直雙手臂呈大字型保持平衡。靜止１、２、３、４之後再縮小體勢回復到原來蹲踞的姿勢。再數５、６、７、８之間將握住

高處橫桿的手移到下方的橫桿上，握住下方橫桿的手改握住
上方的橫桿。然後同樣地朝相反的方向做保持平衡的動作。

☆垂懸抬腿

背向肋木垂懸在較高的橫桿上。依指令從身體充分伸展
的姿勢往下彎曲雙腳膝蓋，將大腿儘量往高抬起。在「停止

」的指令下伸直雙腳往下移，將腳置於下方的橫桿上。

　　1、在預定的數數結束之前儘量保持所規定的姿勢。

　　2、保持姿勢唱一首歌。

　　3、聽錄音帶或唱片的音樂，直到某個部份爲止。

　　與其拉長一回的時間不如以短時間次數多的方式來練習
。

☆單腳跳躍

　　面向肋木而站，單腳搭在膝或腰同高的橫桿上。

　　1、保持這個姿勢用沒有搭在橫桿上的支持重心的腳做
輕快的連續跳。跳躍十回後更換腳步再跳。

　　2、改變二分之一的方向將腳背搭在橫桿上，朝向肋木
的相反側，同樣地用另一個支撐的腳試著跳躍。接著更換左
右腳練習。

　　3、將上述兩個運動做成一組練習。換言之，面向肋木
做1～4的跳躍，再朝另一個方向做5～8的跳躍。同樣地
更換左右腳練習。

☆搭腳拍手

面向肋木站立，單腳搭在與膝蓋同高的橫桿上。以這個姿勢保持平衡做各式各樣的拍手動作。

1、在單腳搭住的橫桿下拍手，碰碰碰。

2、在頭上拍手、或在膝蓋下或頭上連續拍手。

3、把身體傾倒在儘量遠離肋木的位置後拍手。

4、腳的位置抬高試著做同樣的運動。

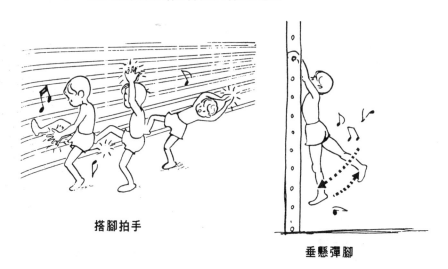

搭腳拍手

垂懸彈腳

☆垂懸彈腳

面向肋木垂懸在較高的橫桿上。保持這個姿勢偏離身體，彷彿在水中拍腳游泳般地將雙腳做前後的彈動。不僅從膝蓋到腳尖，應以大腿根部為支撐點大步地擺動。

1、避免膝或腳被碰觸到橫桿，儘量做大幅度而緩慢的前後擺動。

2、掌握要領後快速度晃動。

3、疲倦後將腳搭在橫桿上稍做休息後再反覆做前述動作。

☆踩腳踏車

背向肋木垂懸而下。使腹肌緊張讓腰部偏離肋木，雙腳往前浮伸，有如踩腳踏車雙腳交互地做畫圓的運動。從前往下旋轉或由下往上繞轉。

踩踏十回左右讓腳搭在橫桿上稍做休息。休息後再嘗試反覆的動作。

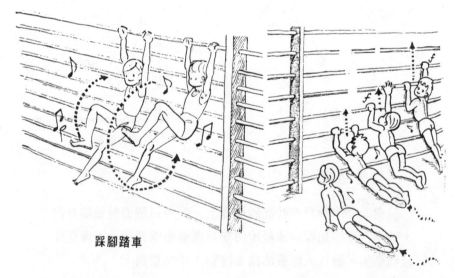

踩腳踏車

爬行攀爬

☆爬行攀爬

兒童在距離肋木２～３公尺的位置俯臥。在「開始」的指令下用海豹的方式將手臂搭在地板上朝肋木前進，腳搭上肋木後用手或手臂的力量將身體往上層的橫桿抬起４、５層。母親可以在旁給予輔助。

☆搭腳側走

將腳背搭在肋木上採伏地挺身的姿勢。搭腳的位置最好是與自己的頭部同高。

保持這個姿勢用手臂在地板上側走，同時用腳在橫桿上往側邊移動。

☆仰臥側走　腕立挺身側移動

面向橫桿而坐，將手置於腰部偏後方，雙腳搭在橫桿上採腕立仰臥的姿勢。

接著抬高腳的位置將腰部偏離地板，利用手和腳往側邊移動位置。

☆倒立──轉向（改變方向）

面向肋木而坐，手置於腰後方，雙腳搭在橫桿上。保持這個姿勢，雙腳交互地漸漸往上方的橫桿移動，抬起腰身將體重置於手部，隨著腳的位置漸漸抬高手的位置也接近肋木呈傾斜倒立的形狀。接著將體重置於按在地板上的單手上做二分之一的轉向（改變身體方向），變成腹部朝向肋木的傾

斜倒立狀。從這個姿勢再將體重置於單手上做二分之一轉向回復到原來的姿勢。這時移動的手尖若朝向肋木的方向即變成大橋倒立狀。反之亦行。

☆用腳攀爬倒立

1、面向肋木而坐，手置於腰偏後方，彷彿用雙腳攀爬肋木似地漸漸抬高腳的位置，手的位置也慢慢靠近肋木，腰部偏離地面，儘量使腳的位置往上高舉。然後將體重置於肩或後頭部呈背面倒立。

2、腳靠近肋木呈仰臥狀，彷彿在墊上後轉時一樣彎曲雙肘置於耳側使手掌著地。從這個姿勢慢慢地挨近肋木，雙腳則依序往上層的橫桿爬。在腳的位置變高時伸直手肘將體重置於雙手變成倒立姿勢。

變成倒立姿勢後單腳偏離橫桿。接著由另一腳踢肋木以反彈的力量使雙腳著地變成蹲踞姿勢。地上最好舖彈墊。

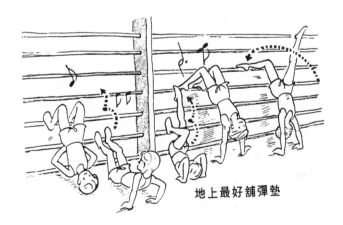

地上最好舖彈墊

☆單手臂盪鞦韆

　　面向肋木攀爬，雙手握住比自己頭部位置略高的橫桿。抬高腳的位置做成彎曲膝蓋的蹲踞姿勢。以這個姿勢放開單手，以另一隻手所握之處和腳的位置為支點讓身體做左右的旋轉。

　　伸直鬆開的單手，膝蓋稍微曲伸有助於旋轉的運動。改變左右手再練習。也可以依序朝左右移動。

☆張開、併攏

　　二人一組所做的腹肌運動。一人背向肋木懸掛在較高的橫桿上。另一人站在距離肋木 20 ～ 30 公分的位置背向肋木。首先由站在地上者發號「張開！」或「併攏！」的指令。垂懸者根據站立者的指令做動作。

　　「張開！」時垂懸者要張開雙腳橫跨站立者的身體兩側，然後雙腳在站立者的頭頂上併攏之後再打開呈張開狀，接著放下雙腳回復原來的姿勢。

　　「併攏！」的情況是雙腳併攏繞過站立者的體側到站立
者的頭上呈圓弧狀繞轉到另一側的體側，再回復到原來的位
置。接著站立者與垂懸者交換位置練習。

張開！併攏！

鬆手拍手

☆鬆手拍手

　　面向肋木雙腳搭在橫桿上，握住與胸或肩同高的橫桿。
握住橫桿的手瞬間鬆手再立即抓住橫桿。要領是先伸直手肘
讓身體偏離橫桿，接著讓身體拉近橫桿而當手鬆開橫桿的瞬
間會有一段空檔，趁著這個空檔做拍手的動作後再握住橫桿
。剛開始坐在彈墊或地板上使腳尖碰觸到橫桿，伸直手肘讓
身體往後方傾倒，隨即再讓身體慢慢靠近橫桿，利用這個瞬
間做拍手的練習。

☆抬腿數 1 、 2

數人一起雙手搭在橫桿上背向肋木懸掛在上。儘可能抬高大腿,當靠近腹側時在空中做踏腳動作。踩踏十回左右後將腳底搭在橫桿上休息。1、2、3…大家輪流報數或配合著唱片、錄音帶等具有韻律感的音樂來練習。

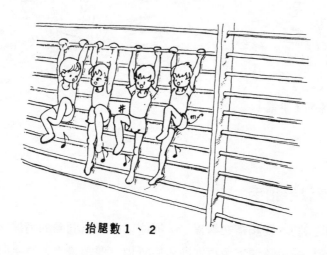

抬腿數 1 、 2

和母親一起玩

☆爬 山

使用可以越過上部的肋木。用手和腳攀爬到頂端，在頂端大叫一聲「呀呼」舉起單手，然後跨腳而過從另一側著地。最好不要做競爭賽。

也可以規定把手帕或毛巾置於頂上，再由下一個人將其帶回。

☆小差事遊戲

母子坐在離肋木 4、5 公尺左右的地上。母親事先把浴巾、手帕、繩子等置於肋木的上層位置。然後指定孩子前去拿下來。

　　兒童跑向肋木往上爬，依母親的指示拿回母親所要的東西。避免不方便拿取、沉重、具有危險性的尖銳物品。也不要做太多的指定。

☆坐電梯

　　母親握住最下層的橫桿仰躺而臥，彎曲膝蓋將大腿靠近

胸前使腳底朝上，準備讓兒童搭乘其上。兒童攀爬到中低層的橫桿上，面向母親所準備的腳底搭乘其上並用雙手握住肋木。母親隨著兒童的要求，利用雙腳做成的電梯將兒童往上推高5層、6層或彎曲膝蓋做下電梯的動作。

☆過橋

2、3名母親（或更多）背向肋木站立。母親們腳的位置最好偏離肋木40公分以上。身體朝後方仰，用手握住肋

過　橋

穿洞遊戲A

木的橫桿，以反仰的上半身做成拱橋狀。儘可能降低握住橫桿的手的位置，做成圓型的拱橋。兒童們唱著歌或配合著行進曲在母親們所做的拱橋下通過。

☆穿洞遊戲 A

母親雙腳踩在低層的橫桿上，握住與肩同高的橫桿，將腰身後移呈く字型。兒童從く字型的空間做側向移動。接著母親的身體前方緊靠住肋木。兒童則從母親背後做側向移動通過。地上最好預備彈墊。

☆穿洞遊戲 B

母親往右移動、兒童往左移動。母親為了方便兒童們通過，在腹側留下空間並往右方徐緩移動。兒童們則朝反方向的左方一邊移動並通過母親的腹部與肋木之間，如此反覆繞轉數回。在途中可以用指令讓母親們和兒童們的進行方向改變。

☆用右手 bye － bye 用左手 bye － bye

兒童將雙腳背搭在低層的橫桿上採取腕立伏臥姿勢。坐
在離 2、3 公尺處的母親則舉起右手或左手面對孩子們做
bye － bye 的手勢。孩子們也將體重置於單手上用另一隻手
做 bye － bye 的手勢。改變左右手練習。

☆超級旋轉遊戲

兩名母親站在左右抓住位於中央者兒童的左右手，三人
面向肋木站立。站在中央的兒童只用雙腳彷彿爬樓梯一般一
層層地爬上肋木。當兒童的腳抬高到母親們的胸高的位置時
，母親用單手按住兒童的腰或臀部，再一聲令下讓其往後方
繞轉。

如果兒童覺得害怕，不要無理強求。在著地的位置最好
準備彈墊。

☆滑板道

做一個略微傾斜的滑板道。兒童握住滑板道的兩側，一步步地爬上滑板，爬到終點順著肋木的橫桿從側邊走下地面。攀爬數次。母親在滑板道的途中或從滑板道移轉到肋木的位置給予輔助。

☆滾球爬道和頂球走下

如圖所示用木台做成兩個略微傾斜的斜坡面。兩個斜坡道之間距離不要太大。

首先從其中一個斜坡道用手滾著球前進。到達頂點後單手抱住球轉移到另一個斜坡面，將球頂在頭上或高舉在上方慢慢地走下滑道。母親站在兩個斜坡道之間給予輔助。

☆板道上的傳球遊戲

將木台斜架在肋木上（不要太陡峭）。兒童把球頂在頭上（頭上搬運）爬上板道。爬到終點時將頭上的球傳給站在地上的母親，延著肋木而下。

☆遞　球

　　母親跨坐在肋木的最上部，伸手朝向站在地上的兒童。兒童將手上拿著的球傳給母親。這時兒童的手和母親的手之間的距離非常重要。剛開始保持可以手遞球的距離，等到掌握運動要領後，再拉開距離用投球方式將球傳到母親手上。

☆坐肩車遊戲

　　母親把兒童架在肩上面向肋木站立。母親肩上架著兒童一層層地往上爬肋木。搭在母親肩上的兒童也用雙手一邊握住橫桿和母親一起往上爬。從肋木上層走下時也要面對著肋木的方向，一步步小心地下來。

坐肩車遊戲

☆用腹爬上、用臀部滑下

　　如圖所示在肋木上架兩個滑台。其中一個用匍匐的方式雙手握住台的兩側，用手臂的力量有如划槳一樣地前進，當爬到終點後，跨到隔壁的滑台上用臀部滑著下來。調整腳的動作慢慢地下移。

☆滑台遊戲

滑台（不僅可以坐，反轉過來又可當平衡台用。在滑台的外端裝置鐵鉤以便架在肋木上）。台架在肋木上，角度是可以下滑的程度。首先從架在肋木上的橫桿爬上滑台，雙腳跨坐在滑台上。從這個姿勢變成俯臥姿勢，慢慢滑到台的尾端手按在地面將身體捲曲往前做一個翻跟斗。必須遵守秩序──往下滑。和前面的人保持間隔以避免造成他人的障礙。

☆倒立遊戲

　　背向肋木腳背搭在低矮的橫桿上採腕立伏臥的姿勢。接著雙腳依序往上層的橫桿爬，變成倒立姿勢。從倒立（或斜倒立）轉向側邊使腳著地或以前述動作的相反順序讓腳步從高層的橫桿一一往下移，再回復原來的姿勢。

第二章
利用手臂和腳的運動

1、單手爲支點做前後抬腳動作

　　側向站在肋木邊用靠近肋木的手抓住與胸部等高的橫桿並彎曲手肘。與肋木相反側的腳往後方稍做振動，利用其反彈力朝前上方抬起腳。接著利用抬起腳的反動讓腳朝後方反彈並使身體前倒。最後從前往後彈腿時只要慢慢地減緩朝後方彈動的力氣。

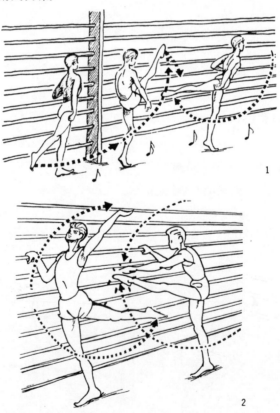

2、單手爲支點腳前後甩動（碰處腳尖）

側向站在肋木邊用靠近肋木側的手臂握住橫桿。往上抬起另一隻手臂，同時將外側的腳往後方甩動。

其次利用甩動的反動使身體前屈並使腳往前彈起，用由上往下甩落的手碰觸腳尖。最好使用帶有韻律感的音樂。同時，支撐的腳可以不固定而用跳躍的方式一併練習。

3、手臂爲支撐點單腳側邊甩動

從前的古典芭蕾經常以橫桿爲支撐點來練習，用肋木也可以做類似的運動。肋木有許多可以做爲支撐點的橫桿因而有更多變化的練習方式。

這個運動是面向肋木站立，雙手順勢握住與腰同高的橫桿。單腳沿著橫桿往側邊上方彈起。中心置於單腳上稍微彎曲支撐的腳，當彈起的腿在身體前呈交叉狀時，略加一點反動使其朝側邊彈起。彈起的腳鬆弛力氣後做旋轉運動。改變支撐的腳再練習。也可以背對著肋木做類似的動作。

4、單手支撐單腳前後甩動轉向

　　側身站在肋木邊，單手握住與肩同高的橫桿。位於肋木側的單腳由後往上用力抬起，反彈回去時再往側邊彈高。接著再反彈回去，反覆上述的動作。支撐的腳可以持續做輕巧的跳躍。

5、手臂支撐單腳側邊彈跳

　　面向肋木站立，握住與肩同高的橫桿。重心置於單腳上，另一腳延著肋木的橫木往側邊甩動。這時朝甩起的腳改變四分之一的方向，用右手鬆開橫桿。然後將腳朝外側後方甩下。以輕快的跳躍步伐持續練習。改變支撐的腳再練習。

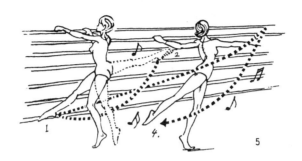

6、單腳支撐──體前屈

面向肋木站立，單腳搭在肋木的橫桿上。位置與腰同高。雙手以順手握住高於腳所搭的橫桿上層的橫桿上。踩在橫桿的腳及支撐的腳一起伸展，使身體彈性地前屈。其次深深地彎曲架在橫桿上的腳，讓身體尤其是胸部緊靠橫桿。反覆以上的動作。改變支撐的腳做同樣的動作。

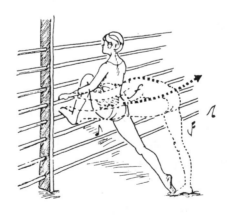

7、雙手支撐前後開腳體前倒

　　面向肋木站立，雙手握住與肩同高的橫桿。彎曲手臂使胸前靠近橫桿，以腳尖站立讓重心往上移。接著將單腳往後方移並使重心慢慢下降，伸展手臂使前後做大幅度的開腳動作。彎曲支撐腳的膝蓋。

p7

8、雙手、單腳支撐做前後開腳

　　面向肋木站立，握住與肩同高的橫桿。抬起單腳將腳伸入所握的橫桿之間，以腳底搭在肋木上。

　　接著慢慢地彎曲支撐的腳使重心下移，腳膝蓋一直彎曲直到碰觸肋木，然後伸展支撐的腳回復到原來的姿勢。反覆上述的動作。改變支撐的腳練習。

8

9、雙手單腳前屈 —— 前後開腳（支持腳往後移動）

面向肋木站立，握住與胸同高的橫桿，單腳抬起置於握住橫桿的雙手間，用腳底搭在橫桿上。接著慢慢將支撐的腳後移，使身體前屈並使雙腳呈大幅度的前後開展。

10、對面雙手雙腳支撐 ── 前後開腳（單腳觸地）

用雙腳踩在較低的橫桿上，手握住與腰部同高的橫桿。接著將體重偏離橫桿並將單腳往後移，儘可能用腳尖碰觸後方面的地面。

觸地後再返回原來的姿勢，改變左右腳做同樣的動作。

11、雙手單腳支持 ── 體伸展

面向肋木站立，握住與肩同高的橫桿，單腳搭在橫桿上。搭腳的位置儘量靠近手握住的橫桿。體重置於雙手及搭在桿上的腳，另一隻腳往後抬起使抬起的腳和身體呈一直線。

不要抬起腳而儘量使腳遠離肋木。這個運動可以使背部的肌肉和腿關節前後變得柔軟。

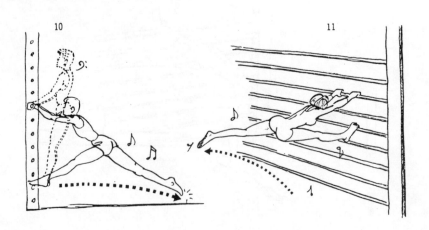

12、單腳支持──體前屈拍手

面向肋木站立，單腳搭在橫桿上。雙手往側身平伸、彎曲支撐的腳做體前曲碰觸到肋木時，在膝蓋下方拍手。接著在頭頂上拍一次手，慢慢彎曲支撐的腳並在搭在橫桿上的腳下拍手。以緩慢而具有韻律感的速率來練習。

13、對面垂懸──腳朝後彈動

面向肋木將胸腹貼靠在橫桿上，用雙手垂懸。保持膝蓋筆直交互地將單腳往後方彈動。練習數回之後雙腳搭在橫桿上休息。接著雙腳同時往後彈起讓身體反翹。單腳和雙腳交互練習。

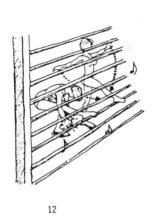

12

13

14、側向垂懸——側邊平衡

踩在橫桿上呈側向而立。右手抱住橫桿式的握住，使體重置於內側的腳。

伸展內側的手臂而外側的腳也朝側邊打開，外側手臂同時平舉在體側呈大字型。腳和手臂回復到原來的位置，改變方向做徐緩的動作。

15、垂懸抬腿

背部貼靠在肋木，雙手握住上層的橫桿垂懸。以這樣的姿勢交互地抬舉左右腿。剛開始幅度小而慢慢地抬高腿的位置。練習數回感到疲倦時，將腳底踩在橫桿上暫做休息，接著再反覆做同樣的動作。抬腿時注意背部不可離開橫桿。

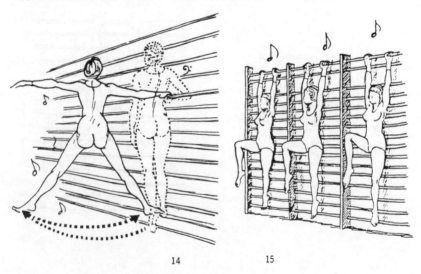

14　　　　　15

16、垂懸抬腿、伸直膝蓋

垂懸在肋木的上層橫桿上。彎曲膝蓋將腿儘量往上高舉。接著從膝蓋下迅速地往前踢腿，然後徐緩地放下腳來，雙腳併攏。改變另一隻腳再做同樣的動作。①②抬腿③④伸膝、⑤⑥⑦⑧徐緩地放落下腿來雙腳併攏。

17、雙手雙腳支撐──腳的屈伸

面向肋木攀登，雙手握住與腰同高的橫桿站立。接著落下身來到腰的位置呈蹲踞狀。再從蹲踞狀伸展膝蓋站起身來，腳的前面碰觸橫桿使上半身往後反翹。反覆以上的動作。

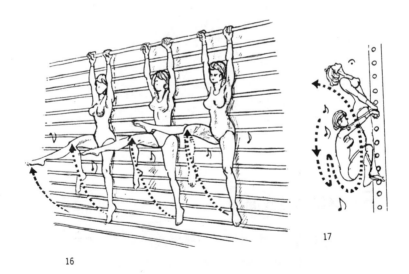

16

17

18、垂懸往上跳

面向肋木站立，雙手握住與腰同高的橫桿。膝蓋深深彎曲呈蹲立狀，再利用蹲立的反動將橫桿往下壓並朝上跳起。

跳起時胸部儘可能靠近較高的橫桿。

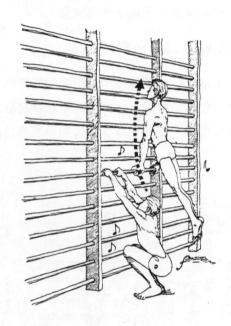

19、垂懸跳高前後開腳

面向肋木站立，雙手握住與腰同高的橫桿。腰身下移呈蹲立狀，利用其反動使胸部貼靠在肋木，並用雙手往下按壓橫桿使身體上浮。手的位置太低或太高都難以做這個動作。

19

20、背面呈く字型垂懸站立── 體伸展腳前抬動

握住與肩同高的橫桿，背向肋木做垂懸。如圖所示讓身體呈徐緩的く字型，腳儘量偏離肋木著地。

讓背部反翹迅速採取弓型姿勢。保持這個姿勢將體重置於支撐的腳上，另一隻腳往前方彈起。接著彎曲膝蓋讓大腿上舉。結合前面的運動和後面的運動練習。更換腳步練習。

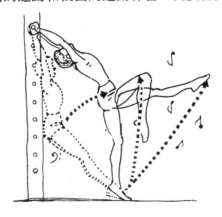

21、面對肋木做體前倒

面向肋木保持 60 公分左右的距離，握住體前的橫桿。身體往前倒、彎曲手臂使身體貼近橫桿。

伸直手臂讓身體遠離橫桿，再回覆到原來的直立姿勢。

漸漸使腳的位置偏離肋木再做練習。

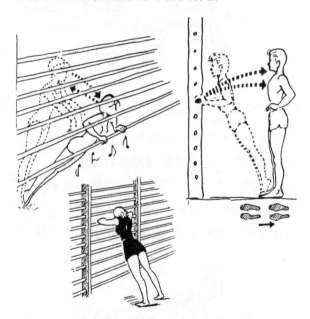

22、從く字型的垂懸做手臂、腳的屈伸

面向肋木，雙手垂懸在橫桿上，雙腳搭在橫桿上。握住橫桿的手和搭在橫桿上的雙腳距離拉近呈蹲踞狀。

接著伸展雙膝蓋呈く字型。然後再彎曲膝蓋回復到蹲踞

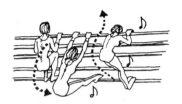

狀。徐緩地反覆上述的動作。

　　剛開始握住橫桿的手和搭在橫桿上腳的位置保持較遠的距離，掌握要領之後再拉近手或腳的位置。

23、雙腳支撐斜向倒立手臂屈伸

　　背向肋木站立，腳背搭在橫桿上採腕立伏臥的姿勢。剛開始腳的位置和肩的位置同高。從這個姿勢做彎曲、伸展手臂的動作。儘可能迅速地伸展手臂讓身體浮在空中。換言之，利用手臂推壓地板使身體上移。

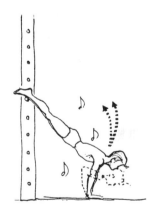

24、腳支撐腕立伏臥、支撐的手臂移動

背向肋木站立，將腳背搭在橫桿採腕立伏臥姿勢。接著用手臂往前移動，使手的位置儘量偏離肋木。然後反過來讓手的位置回復原位，使其儘量靠近肋木。

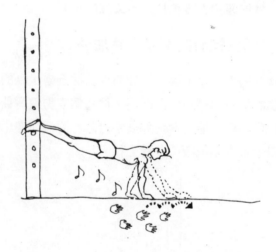

第三章
以胴體（胸．腹．背．腰）
為焦點的運動

1 、踏腳、仰胸

背向緊靠著肋木。手臂往上抬舉手肘稍微彎曲地握住肋木上的橫木。接著單腳往前踏出一步，並順勢將橫桿往後上方推使前胸後仰。腹部緊縮。

左右腳交互地往前踏出做練習。

2 、前倒——前屈

離肋木 1 公尺左右的位置面向肋木而立。身體往前倒，雙手握住約與胸部同高的橫桿。其次從前倒姿勢將頭部往下彎曲，背部呈圓弧狀、膝蓋彎曲，輕微地搖晃身體。然後將腰身後移挺直背脊。這時手肘不要彎曲儘量讓握住肋木的手到腰呈一直線。

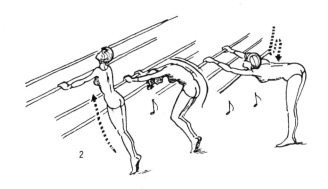

3、從く字型垂懸做仰胸動作

背向肋木垂懸，雙腳往前伸使臀部離地約３０公分。接著慢慢將體重置於前身的雙腳讓身體抬起上仰，使腰腹的位置往前上方突出。接著鬆弛緊張回復到原來的姿勢。

4、長坐的仰胸動作

　　背靠在肋木上採開腳長坐姿勢。手臂往上高舉握住手臂所碰觸的橫桿。接著一口氣將體重移至雙腳使身體呈弓字型。為了避免腳的位置移動，握住橫桿的手要一邊轉動手腕一邊往後壓，以便抬起頭部朝向肋木。鬆弛力氣回復到原來的姿勢。剛開始張大開腳拉開握桿的距離彎曲膝蓋來練習，掌握要領之後，漸漸縮窄開腳的寬幅。

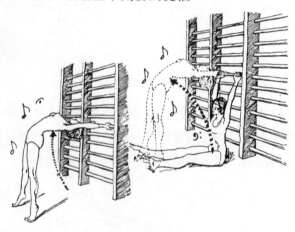

4、A　從仰臥做仰胸動作

　　頭置於離肋木約２０分的位置，和肋木呈直角仰臥。手臂上舉握住手背碰觸的橫桿。保持這個姿勢臀部固定在原位，仰起胸部使背部離開地面。鬆弛力氣回復到原來的仰臥姿勢。也可以用曲膝的膝立姿勢來練習。

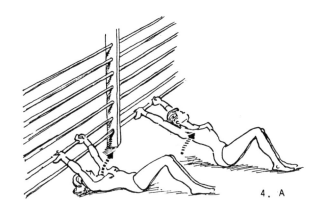

4．A

4、B 長坐和仰臥的仰胸動作

　　背向肋木採長坐姿勢。臀部位置離肋木約２０公分。手臂上舉握住手背碰觸的橫桿。從這個姿勢彎起背部使背倚靠在肋木上。

　　接著手臂用力推橫桿使背部離開肋木而仰起胸膛。

　　然後仰臥在地放低握住橫桿的位置。腰和腳著地而推手握的橫桿，使背離開地板而翹起胸膛。手臂和上半身呈直線狀。靜止五秒鐘之後回復原來的仰臥姿勢。

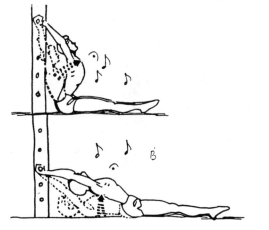

5、仰臥抬腳

頭靠近肋木（３０公分左右）仰臥在地，雙手握住較低的橫桿。徐緩地抬起雙腳、伸直膝蓋讓腳靠近橫桿，雙腳漸漸往臉側貼近使身體有如對折狀。

6、垂懸兩腳抬起

這是極為一般的肋木運動。順手垂懸在橫桿以腰為支點抬起雙腳。這個運動可強化腹肌。

抬腳的動作忽大忽小、忽緩忽急。不可彎曲膝蓋。疲倦時將腳搭在橫桿上休息。

7 、垂懸抬腳和伸腳

①背靠在肋木的上層橫桿上做垂懸。緊縮腹肌抬舉雙腳。以背面肩甲骨附近為支點一氣抬起腳來，使腰貼近臉的前側。雙腳再徐緩地下移。亦即用快慢、快慢的速率來練習。疲倦時後腳跟踩在腳部位置的橫桿上休息。

②和前面的動作同樣的要領做垂懸，這時彎曲雙膝蓋將身體縮成圓弧狀，儘量使腳貼靠在胸側。其次用腳尖往前一踢筆直伸展雙腳。依這個方式反覆數次做雙腳的屈伸運動之後再落下腳，使後腳跟置於橫桿上稍做休息。

7′ 、垂懸抬腳

背靠肋木的橫桿站立，彎曲手肘握住與其同高的橫桿。一口氣地緊縮腹肌抬起雙腳。慢慢抬高雙腳的高度儘量使腳尖能碰觸頭上的橫桿。然後再徐緩地放下雙腳。隨著雙腳位置的抬高，支點會轉移到背面上部的肩膀，使得腰側遠離橫桿腹部靠近臉前側。

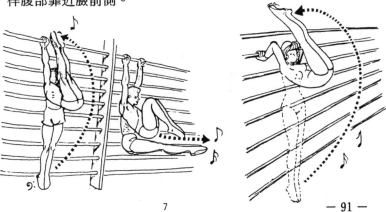

7

7′

8、垂懸腳前後旋轉　踩腳踏車

　　背靠肋木垂懸在橫桿上雙腳往前伸。保持這個姿勢腳尖在體前做畫圓狀的旋轉運動。亦即踩腳踏車運動。剛開始動作小，掌握要領之後試著加大幅度。也可以逆向旋轉。旋轉十回之後稍微靜止約一分鐘，然後再踩踏十回，最好規定回數來練習。這是強化腹肌的運動。

9、垂懸腳左右旋轉

　　背靠在肋木上垂懸於橫桿，雙腳往前伸舉。以這個姿勢在體前做畫圓運動。膝蓋筆直伸展，試著從右或從左儘量大幅度地做畫圓的動作。

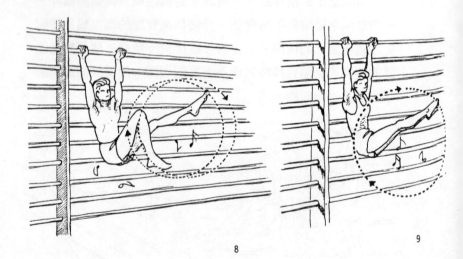

8

9

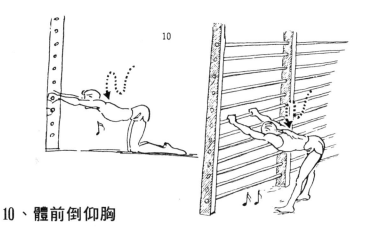

10、體前倒仰胸

　　面向肋木採跪膝姿勢。與肋木的距離約是自己的坐高。接著握住與腰同高的橫桿將腰身後移並使胸部彈性地反仰。接著採取站立開腳的姿勢練習同樣的動作。

11、體前倒抬腿

　　距離肋木約３０～５０公分，面向肋木站立。握住與自己的頭同高的橫桿，使身體前倒。儘量使身體呈一直線。

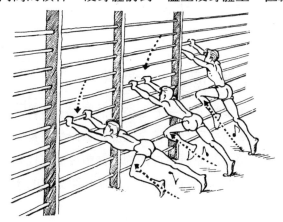

保持這個姿勢彎曲膝蓋使大腿儘量貼靠在胸前。左右腳互換練習。這時要避免臀部往後挪。握住橫桿的手漸漸下移並做同樣的動作。做這個動作時最重要的是身體前傾的角度變深時身體也不可以彎曲。

12、背面站立、前倒——前屈

背向肋木站立。腳的位置距離肋木約２０公分。

①從這個姿勢彎曲背肌深深地使身體往前屈。膝蓋放鬆。頭部往前彎有如注視自己的腹部。

②從這個姿勢伸展背肌再前倒。交互地練習前屈和後倒的動作。重要的是能夠以身體來說明前倒和前屈的不同。這是屬於背部運動。

13、旋轉手臂、前屈——前倒

面向肋木保持５０～６０公分的距離。手臂上舉從上往下甩動並朝後方一回旋，接著的旋轉動作是在身體後側握住雙手，使身體前屈並將所握住的手往頭後上方拉起。

甩向後方的手回復到原先位置並鬆開交握的手，往前甩

出時握住與腰同高的橫桿保持前倒姿勢，做彈性的背部伸展運動。首先不利用橫桿做前屈運動，然後再利用橫桿做前倒運動。

14、單腳橫跨體前屈

側向肋木站立。將靠近肋木側的一腳的腳底搭在與腰同高的橫桿上，鬆弛上半身力氣將身體往前做深度彎曲。主要將體重置於踩在地板上的單腳上，雙手臂自由晃動並添加身體左右扭轉的運動。接著把搭在橫桿上的腳的位置抬高來練習。

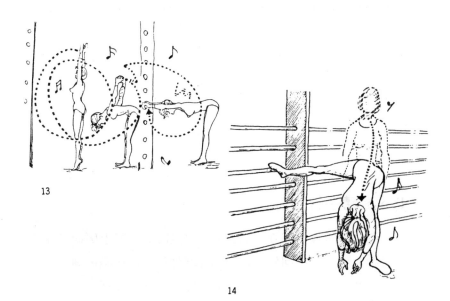

13

14

15、單腳搭橫桿體前屈

側向肋木站立。將靠近肋木側的一腳搭在橫桿上,雙手臂往上伸展拓展背部。

保持這姿勢徐緩地使身體前倒。最重要的是避免前屈。漸漸提高搭在橫桿上的腳的位置。難度越大運動量也越多。

16、**A．腳後旋轉——仰胸**

面向肋木站立,雙手握住與胸同高的橫桿。重心置於單腳上,另一隻腳朝後方彈起時儘量使胸貼近橫桿。左右腳交換做同樣的動作。

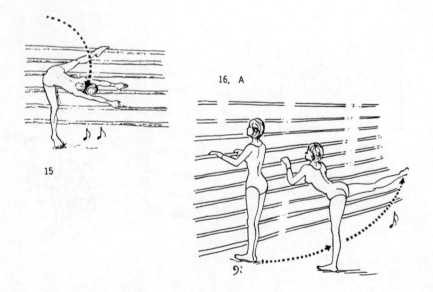

16. A

15

16、B 腳後彈動——仰胸

面向肋木爬上橫桿，雙手握住與胸同高的橫桿。右手朝上舉高，反仰上身的同時左腳往後伸展加大身體的後屈度。同樣地更換手臂和腳來練習。

忽緩忽急、忽靜忽動地變換速率來練習。

17、前屈——腳後彈動仰胸

面向肋木站立，雙手握住與胸同高的橫桿。膝蓋做彈性的彎曲並使頭部前屈、背部呈圓弧狀。將呈彎曲的背部反翹而起並使單腳朝後方彈動。反覆上述的動作。更換支撐的腳做練習。

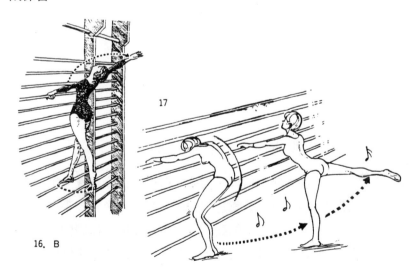

16. B

17

18、天鵝型平衡——腳彈起

離肋木約４０～５０公分站立，採單腳站立姿勢，另一腳朝後方揚起的同時讓身體做前倒，雙手握住橫桿保持天鵝型的平衡。以這個姿勢將後舉的腳往上彈高，使身體反翹。可伸展或彎曲支撐腳的膝蓋。避免後舉的腳彎曲。更換支撐的腳反覆同樣的動作。可以試著改變握住橫桿的手往上或往下改變位置來練習。

19、く字型垂懸——手臂彎曲

面向肋木爬上橫桿，握住與胸同高的橫桿呈く字型垂懸。接著彎曲手臂讓臉靠近眼前的橫桿。然後伸展手臂回復原來的姿勢。反覆以上的動作。如圖所示腳可採開腳或閉腳姿勢。這個運動是膝蓋的屈伸運動，可和前述的手臂屈伸交互練習。

19

20、正坐——體前倒

面向肋木正坐，做前屈彎背的動作使額頭碰觸地面。雙手伸向前方握住低層的橫桿，接著慢慢地往上層的橫桿提高手的位置並伸展背部，做彈性的上下搖晃動作。利用上述的動作反覆做前屈、前倒的運動。

21、單膝跪立的天鵝平衡

面向肋木採跪膝腕立伏臥姿勢。從這個姿勢將單手舉高握住與頭同高的橫桿，另一隻手臂往上伸舉。同時抬起與伸直的手臂相反方向的腳朝後方伸展，伸展全身保持平衡。交換手臂和腳進行練習，動作徐緩。

22、單腳支撐體前屈

面向肋木站立，雙手握住後頭部手肘伸直。接著單腳搭在與膝或腰同高的橫桿上。手肘漸漸往前閉合並做前屈動作，讓身體靠近勾住橫桿上的腳。然後再抬起身體。反覆上述的動作。

交換支撐的腳做練習。

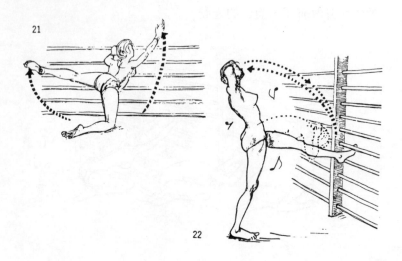

21

22

23、單腳支撐體後倒

面向肋木站立，雙手握住與肩同高的橫桿，單腳搭在與膝同高的橫桿上。

首先將身體挨近橫桿，然後將重心置於站在地面的支撐腳上，立起搭在橫桿上保持平衡的腳尖而置於其上的橫桿。接著雙手遠離橫桿握住後頭部，徐緩地使身體後倒。更換支撐的腳做同樣的動作。

24、單腳支撐體後屈

面向肋木站立，雙手臂往上舉的同時單腳踩在下層的橫桿上。以這個姿勢保持均衡並使身體徐緩地做後屈動作。隨著後屈加深使腳背勾住肋木。剛開始稍微往後方彎曲，掌握要領之後再漸漸加大後屈度。

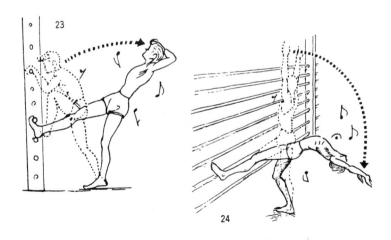

25、面對肋木單腳支撐──體後倒

面向肋木站立，單腳置於膝與腰之間的橫桿上。握住單腳所搭的橫桿兩側，做上體前屈動作使頭部靠近膝蓋。拉近身體與肋木的距離或做彈性地前屈運動。接著手鬆開握住的橫桿，將手臂上舉做體後屈或後倒的動作。交互練習或改變支撐的腳做同樣的運動。

26、背向肋木單腳支撐──前屈上體抬起

背向肋木站立。站的位置以離肋木約腳長位置為適宜。

單腳往後抬起，用腳背或腳腕勾住肋木。接著雙手握住支撐腳的腳腕讓上半身靠近支撐腳的前面。儘量使臉或胸貼靠在腳脛。從這個姿勢慢慢地抬起上半身再做反仰的動作。更換支撐腳反覆上述動作。

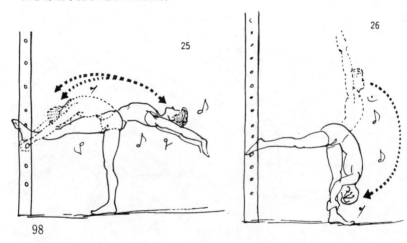

27、從天鵝型平衡姿勢做腳的抬高彈跳

　　正對肋木站立。雙手臂往前伸，雙手握住與腰同高的橫桿。儘量使手臂和上半身呈一直線，將單腳置於重點的位置另一腳往後方伸展。接著彎曲支撐腳的膝蓋使身體下移，體重置於手臂上，往後伸展的腳朝上方踢高的同時，瞬間地伸展支撐腳使身體浮起。更換左右腳練習。

28、雙腳支撐——伏臥上體抬起

　　背向肋木站立，用腳底或腳掌伸入最低層的橫桿下採伏臥姿勢，手臂往上伸舉。接著緊縮背肌讓手臂儘量遠離地板並反翹胸膛。鬆弛背肌回復原來的姿勢。反覆這個運動。

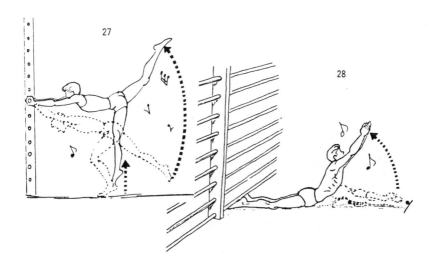

29、伏臥──雙腳抬高

　　面向肋木伏臥在地握住低層的橫桿。緊張背肌並使腳尖儘量偏離地面。鬆弛背肌回復原來的姿勢。掌握要領之後握住較高的橫桿。

30、背面站立──前屈

　　背向肋木站立。後腳跟和肋木的距離約２０公分。從這個姿勢做深度前屈動作，雙手有如夾住閉腳姿勢的雙腳，握住其所貼靠的橫桿。接著使臀部碰觸後方的橫桿，用雙手加強前屈度使上半身貼靠前脛部。試著將腳的位置漸漸往前移。做彈性的二、三回前屈之後抬起上半身回復直立姿勢。反覆上述的動作。

31、前屈──前轉

背向肋木採開腳姿勢站立。後腳跟和肋木的距離約０～
１０公分。首先做深度的前屈動作用雙手握住開腳之間的低
層橫桿（以反手握住）接著加深前屈度讓後頭部貼靠在地板
，隨著前屈度的加深慢慢轉變爲開腳前轉。這時不要鬆開握
住橫桿的手。前轉的同時讓背、臀部、腳著地變成仰臥姿勢
。從這個姿勢抬起腳碰觸肋木的橫桿即是強化腹肌的運動。

32、開腳前屈做深度前屈練習

背向肋木以左右開腳站立。肋木和後腳跟的距離約２０
～３０公分。首先做深度前屈讓頭置於雙腳之間，雙手握住
後方低層的橫桿。握法可採順勢或逆勢。臀部首先置於後方

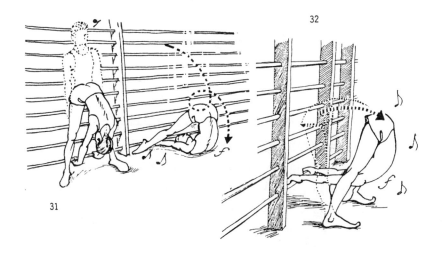

的橫桿側慢慢地再偏離肋木。

接著再讓臀部回復到貼靠肋木的姿勢。

反覆以上的動作。首先彎曲膝蓋，掌握要領之後伸展膝蓋做練習。

33、V字前屈

面向肋木呈鉤座狀，握住與頭頂同高的橫桿，同時伸直雙腳碰觸橫桿呈V字姿勢。臀部靠近橫桿彎曲手臂，讓臉、胸貼近腳側，深度彎曲身體做前屈動作使身體呈對折狀。鬆開握住橫桿的手仰臥休息之後再練習。

34、長坐姿勢──V字──前屈一側向長坐

在肋木側採長坐姿勢，靠近肋木的手握住與肩同高的橫桿。以著地的臀部為支點雙腳抬高呈四分之一轉向，做成V字姿勢，另一側的手也同樣握住對等高度的橫桿。從這個姿勢縮窄身體呈V字型，讓上半身靠近橫桿，同時使得額頭貼近腳脛。然後彎曲手肘又呈V字型。反覆以上的動作，鬆開原先握住橫桿的手，朝相反方向採長坐姿勢。

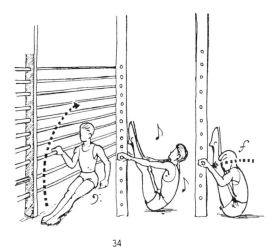

34

35、仰臥抬腳

　　頭朝肋木側仰臥，雙手握住肋木最下層或其上一層的橫桿，一氣呵成地緊縮腹肌儘量抬高雙腳。這時背及腰離地，只有肩膀著地。

　　其次，從同樣的仰臥姿勢，徐緩地抬高腳離地約１５度，保持這個姿勢靜止約１０秒。反覆練習這兩個運動。

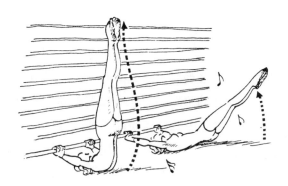

36、長坐——修塔爾達垂懸

　　背對肋木採長坐姿勢。背部貼靠橫桿。從這個姿勢將雙臂往上舉高用雙手握住橫桿。用雙手做支點垂懸而採開腳姿勢，拉高腰身使開腳的腳尖貼靠橫桿。首先只抬高腰身讓開腳的腳尖靠近胸側，隨著腳位置的抬高再慢慢地讓腳碰觸橫桿。（修塔爾達是首次利用鐵棒從車輪做浮腰回轉的人）

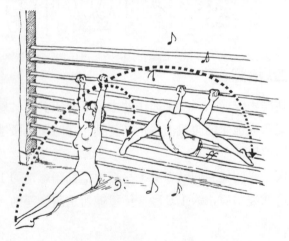

37、腳支撐仰臥做體前屈

　　將腳腕深入肋木最低層的橫桿採仰臥姿勢，手臂高舉於上方。接著手臂往體側甩動的同時抬起上半身，然後將身體做深度的前屈。由於雙腳固定於橫桿下，可以徐緩地做抬起上半身的動作也可以一氣呵成迅速抬起上半身。這是最傳統的強化腹肌的運動。可以彎曲膝蓋來練習。

37

38、仰臥單腳支撐——抬腳

①握住肋木最下層的橫桿，伸直手臂仰臥在地。

②彎曲單腳膝蓋，讓腳靠近臀部，體重置於該腳上使臀部浮起。

③彎曲手肘置於地板上，以手臂及單腳做成拱橋狀，將另一腳往上抬起做伸展運動。

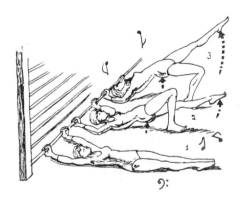

39、腳支撐仰臥體前屈

面向肋木腰身落下將雙腳搭在低層的橫桿上，腳背頂住橫桿呈仰臥姿勢，雙手抱住後頭部。從這個姿勢抬起上半身使前額貼近前脛部。可彈性地做前屈動作或儘速地做前屈、徐緩地做前屈或交互進行。回復仰臥姿勢暫且休息。

40、放低手的位置做前屈

正對肋木爬上橫桿，雙手握住與肩同高的橫桿並伸直手臂。保持腳所站的位置，漸漸地將伸直手臂的手往下移。換言之，儘量使腰的位置遠離橫桿。結果身體會從ㄑ字型慢慢變成對折狀。然後以剛才相反的順序將握住橫桿的手漸漸上移，再回復到原來的姿勢。要領是保持垂懸和均衡使身體做深度的對折，可以改變腳的位置或手和腳的位置。

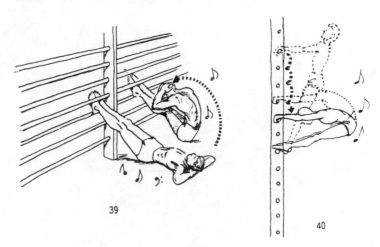

39

40

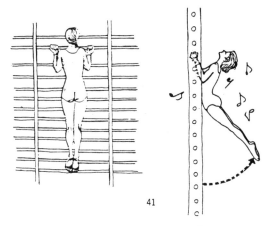

41

41、逆手、彎臂垂懸── 反翹上體

面向肋木攀爬到肋木的中腹位置,以逆手彎臂做垂懸,讓身體的正面貼靠在橫桿上。接著緊縮背肌反翹胸膛使全身呈弓狀,腳儘量遠離橫桿。

42、兩腳支撐斜向倒立── 伸臂伏臥

背向肋木站立,腳背靠在低層的橫桿上,採腕立伏臥姿勢。彎曲手臂使胸部著地,手臂朝前方伸直讓身體充分地反

翹。接著再彎曲手臂讓上半身離地腳置於高層的橫桿上，同樣地再度彎曲手臂將手往前方平伸採匍匐姿勢而反翹身體。依這個方式漸漸提高腳的位置以加強反翹身體的強度。

43、腳支撐仰臥——腰回旋

雙腳置於肋木最下層數來第二或第三層的橫桿上，仰臥在地，雙手臂沿著地板往上平伸。接著緊縮腹肌伸展身體，利用肩和搭在橫桿上的腳使身體保持一直線。從這個姿勢以腰部做畫圓的運動。從右旋轉或從左旋轉。腰和背貼靠地面休息，或伸展腰身再做同樣的運動。

44、腳支撐腕立伏臥——手臂跳躍

將腳背靠在肋木最下層數來第二或第四層的橫桿上，採腕立伏臥姿勢。從這個姿勢彎曲手臂讓胸膛貼靠地板。接著瞬間地伸展手臂以手臂為支撐點浮起身體。用手臂往地板推力的同時抬起腰身呈く字型。腳搭在橫桿上的位置越高運動量越大。

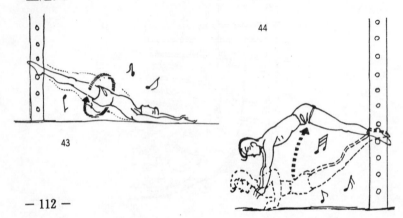

43

44

第四章
以體側爲焦點的運動

1、A 單腳支撐——體側倒

離肋木５０公分左右側向站立，腳搭在膝或腰同高的橫桿上，立起腳尖以上層的橫桿保持平衡。手臂上舉讓身體側倒，使上半身順著腳線。徐緩地回復到原來的位置。同樣地更換支撐的腳做練習。

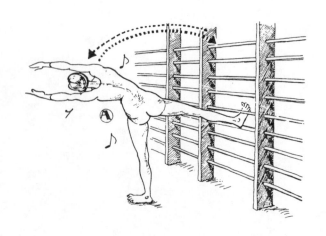

2、B 單腳支撐——體側倒

離肋木約１公尺的距離側向站立，靠近肋木的腳搭在腰同高的橫桿上，雙臂上舉。

從這個姿勢讓身體徐緩地倒向肋木的相反側和地面保持水平。保持這個姿勢二、三秒之後抬起上半身回復原來的姿勢。同樣地更換支撐的腳做練習。

3、A 單腳支撐——體側屈

單腳搭在低層肋木的橫桿上保持３０～５０公分左右的距離側向站立。彎曲與腳相反側的手肘握住頭側，讓上半身徐緩地側屈盡量使頭靠近橫桿。

搭在橫桿上的手往下伸展以便靠近腳尖，這時要注意上半身不可前屈。同樣地更換支撐的腳做練習。

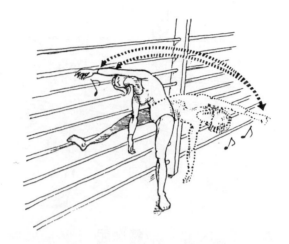

4、B 單腳支撐──體側屈

　　單腳搭在肋木的低層橫桿上側向站立。筆直伸展搭在橫桿上的腳膝蓋。從這個姿勢將另一側的手臂甩動到支撐的腳側，同時讓身體朝肋木的方向側屈。

　　反覆側屈二、三回之後讓身體朝肋木的相反側傾倒。緩慢地進行。要領是 1、2、3、4 讓身體朝肋木方向側屈，5、6、7、8 再徐緩地側倒。

5、單腳曲膝──體側屈

　　側站在肋木邊，彎曲靠近肋木的膝蓋，以該腳的腳側靠在橫桿上。從這姿勢彎曲靠肋木一側的手肘繞轉到身體背後，抬起另一隻手臂越過頭頂握住頭上的橫桿。從這個姿勢將彎曲的膝蓋做適度的伸展並做身體的側彎，彷彿讓頭部靠近橫桿。接著鬆開握住橫桿的手讓身體徐緩地朝另一側側倒。

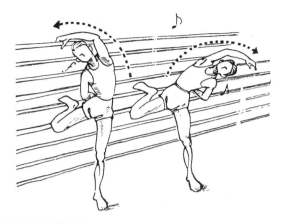

6、側曲單腳伸展

　　站在肋木側邊，上下拉開距離握住橫桿，用單腳支撐，保持單腳側立的平衡姿勢。以這個姿勢讓抬起的腳膝蓋以下的部份做屈伸動作。避免側向站立的姿勢傾倒。更換支撐的腳改變方向做同樣的動作。

7、單腳支撐──斜前下屈

側向肋木站立,單腳搭在膝或腰同高的橫桿上。

①雙手臂上舉,上半身徐緩地前屈。往前彎曲置身於搭在橫桿上的腳和支撐腳之間。

②單腳搭在略高的橫桿上,朝站在地面做支撐的腳側前屈。以前屈姿勢鬆弛上半身的力氣讓上半身做左右方向的晃動。

①②同樣更換支撐的腳,依前述方式做運動。

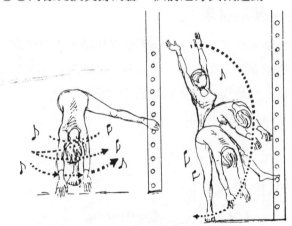

8、單手保持平衡、前屈、側屈的運動

側向站在肋木邊,體重置於單腳上,另一腳往前伸,支撐腳側的手握住與胸同高的橫桿。

①② 從這個姿勢讓沒有握住橫桿的手臂從後往前方旋轉並做體前屈。

③ 將從上甩下的手臂反向由下朝上甩動，並變更四分之一的方向轉向肋木，手臂從上方往側邊揮動而下時做側屈的動作。動作大而徐緩。掌握要領後可變更做為支點的手的位置再做練習。

9、側向單腳搭立——側彎

A 離肋木約1公尺側向站立。肋木側的腳搭在與腰同高的橫桿上，雙手臂上舉。從這個姿勢有如搖晃上體一般讓

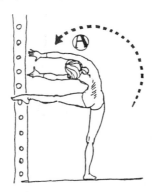

上體朝肋木側徐緩地側曲。改變支撐的腳朝相反方向做同樣的動作。

　　B　緊緊靠住肋木側向站立，肋木側的手握住與肩同高的橫桿，腰部儘量遠離橫桿。與肋木相反方向的手臂從側邊往上抬起以助身體的側屈。

Ｃ－１

　　貼近肋木側向站立，雙手上下拉開距離握住橫桿。雙手的間隔比肩幅寬，約４０～５０公分。保持這個姿勢不要變更腳的位置，讓雙肩遠離橫桿彈性式地做體側屈。將頭彎曲到下方的橫桿，位於下方的手臂用力推。

Ｃ－２

　　其次，腳的位置慢慢偏離或靠近肋木，試著增加變化。改變方向做練習。

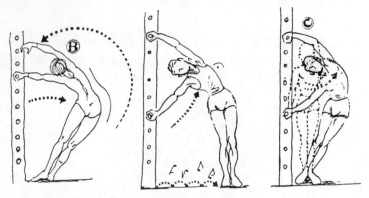

10、蹲踞背面垂懸──側屈

　　背向肋木蹲踞。從這個姿勢上舉雙臂握住手臂所碰觸的

橫桿。體重置於所握的橫桿上，身體慢慢浮起的同時雙腳併攏迅速往側邊踏出使身體側屈。保持二、三秒靜止後垂懸在橫桿上回復原來的蹲踞姿勢。朝相反一側做同樣的動作。

11、側向蹲踞──腳支撐側向垂懸

①②側向蹲在肋木邊，上下握住比肩幅更寬距離的橫桿做預備動作。

③④迅速伸展身體讓腳儘量遠離肋木，朝側邊採側臥姿

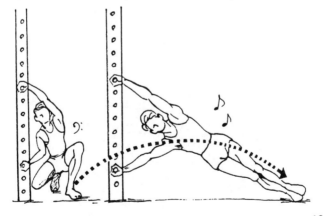

勢。頭部位於胴體的延長線上，握住下層橫桿的手朝斜下方推，握住上層橫桿的手則用力拉。改變方向做同樣的動作。

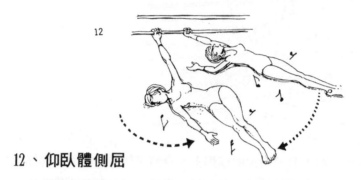

12

12、仰臥體側屈

單手握住肋木最下層的橫桿仰臥在地。另一隻手不握橫桿而置於肋木附近。這個手臂順著地面靠近腳。併攏的腳也順著地面靠近不握橫桿的手臂。徐緩而正確地做動作。

13、跪膝、側坐

面向肋木採跪膝姿勢，握住與膝同高的橫桿。著地的膝蓋位置是身體前倒用雙手握住橫桿時背和雙臂呈一直線的距離。從這個姿勢向左或右以側坐的要領倒向大腿的側邊。坐時雙手不離橫桿。用雙手按住橫桿交互地改變左右的坐勢。

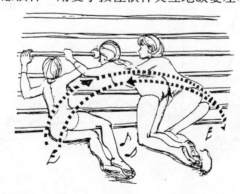

14

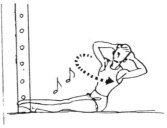

14、從長坐姿勢的側轉

面向肋木而坐，雙腳伸入最下層的橫桿內，腳背頂住橫桿。

雙手交握於後頭部。接著身體慢慢往後倒並朝右或左扭曲側轉。扭轉的身體回復原狀的同時抬起上半身回到原來的姿勢。充分地伸展背肌之後再練習。吐氣時做扭轉動作而回復原位後做吸氣。

15、腳支撐開腳 V 字——側轉

面向肋木採開腳長坐姿勢，腳底搭在與腹或胸同高的橫桿（也可將腳伸入橫桿內用腳背支撐）。筆直伸展膝蓋抬起上體充分舒伸背肌，雙手抱住後頭部，手肘張開。

以這個姿勢徐緩地做上體朝右或左扭轉的體側轉運動。雙手鬆開暫且休息之後再依同樣的要領練習。腳的位置擺得越高運動量越大。

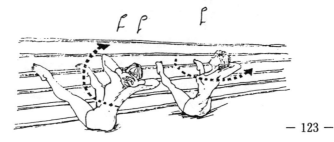

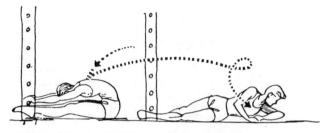

16、從長坐姿勢做前屈、側轉、側屈

A－1

　　面向肋木而坐，腳背伸入最低層的橫桿下。雙手臂上舉，身體後倒約15度往側邊扭轉。側轉體勢約四分之一後回復到原位並抬起上半身。

17、腳支撐開腳長坐──體側轉

　　面向肋木採開腳長坐姿勢，用腳背頂住最低層的橫桿。從這個姿勢讓身體往後倒並扭轉二分之一的體勢，雙手置於地板儘可能讓胸部貼靠地面。接著用雙手奮力頂住地板並抬起身體朝相反側扭轉的同時錦量讓胸部靠近地面。做規律性的反覆練習。

　　身體靠近地面時呼氣，抬起身朝肋木方向靠近時吸氣。

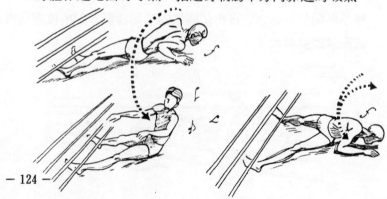

18、側臥——上體抬起

　　面向肋木採長坐姿勢。靠近較低層的橫桿用腳上下夾住最低層的橫桿或其上方的橫桿。換言之，位於下方的腳用腳背頂住，位於上方的腳用腳底下壓地夾住。接著身體擺向側邊（側臥）手臂上舉。從側向臥倒的姿勢緊縮側腹的肌肉徐緩地抬起上體。剛開始做輕微的抬起而慢慢地加大抬起身體的角度。呈ㄑ字型靜止二、三秒，鬆弛力氣仰臥休息。改變身體的方向依同樣的要領練習。

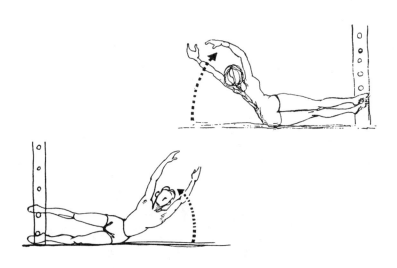

19、側臥——雙腳抬起

　　頭朝肋木方向側臥，上下握住橫桿。最好所握的橫桿寬幅比肩幅大。保持側臥姿勢，雙腳離開地面。雙腳離開地面後保持二、三秒鐘的靜止動作。然後徐緩地回復到原先側臥的位置，掌握要領之後雙腳儘可能地離地高舉。改變身體的方向做同樣的動作。

20、側向垂懸單腳站立——單腳側舉

　　側向站在離肋木約1公尺的位置。身體倒向肋木的同時手臂斜向伸舉，上下握住肋木的橫桿。這時以身側朝向肋木的姿勢來做動作。從這個姿勢以肋木側的腳爲支撐腳，抬起相反側的腳成爲身體的延長線。反覆這個動作數回。改變身體的方向再反覆同樣的動作。

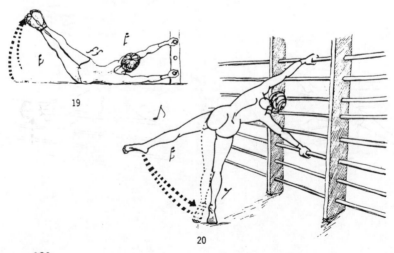

19

20

21、側向垂懸

　　站在肋木側邊，上下握住上層的橫桿採側斜垂懸的姿勢。接著用握住上層橫桿的手爲支撐點抬起身體，而位於下側的手則用力推向橫桿使體側的肌肉緊張，雙腳離地浮起變成斜向垂懸的姿勢。

　　瞬間地保持這個姿勢。練習數回儘量拉長雙腳騰空的時間。改變握住橫桿的上下手，以相反方向做同樣的練習。

22、側向垂懸單臂彎曲

　　站在肋木側邊上下握住比肩幅寬的橫桿，雙腳踏在地板上以斜向的體勢做預備動作。瞬間緊縮身體彎曲下方手臂的手肘穩住橫桿，利用上方手臂拉起上體，同時令雙腳離開地面使身體和地面保持水平。同樣地改變方向做類似的動作。

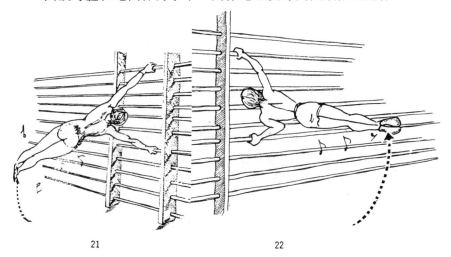

21　　　　　　　　22

23、背面垂懸——側向彈動

背向肋木垂懸在較高位置的橫桿上。單腳往側邊彈高，彎曲彈高腳側的手肘，一邊拉起身體一邊讓身體做左右的擺動。彷彿在鞍馬上騎乘的感覺，像擺錘一樣地振動。

掌握要領後漸漸縮窄雙腳之間的距離，最後雙腳併攏做左右振動。

24、背面垂懸——彎膝體側轉

握住肋木上層的橫桿背向垂懸。從這個姿勢扭轉身體讓下半身朝向側邊並彎曲雙膝，使膝蓋的側邊貼靠在所扭轉方向的橫桿上。

保持這個姿勢靜止二、三秒後伸直雙腳，身體朝向正面回復原來的垂懸姿勢。相反側也做同樣的動作。身體回復原

24

來姿勢時體重置於腳所搭的橫桿上休息。

25、側站──體旋轉

　　離肋木３０～４０公分側向站立，上下握住橫桿呈側屈的姿勢。接著鬆開握住上方橫桿的手，以握住下方橫桿的手為軸心做二分之一轉向，採相反一側的側屈姿勢。

　　如此轉向二、三回改變位置。轉向時抬起後腳跟使重心上移以便在較高的位置轉向。雙腳可稍微張開，但必須注意重心不可下移。

26、面向肋木倒立──側轉而下

面向肋木站立，單手握住低層的橫桿，另一隻手儘量握住較高的橫桿。讓他人扶住著的姿勢或用左右腳踩著橫桿而上，彷彿攀爬一般，提高腳的位置變成倒立姿勢，讓身體附著在橫桿的面上。上方的手拉住身體而下方的手用力推向橫桿以為支撐。保持這個姿勢靜止數秒鐘後，讓身體離開橫桿面以側轉的姿勢落到地面。改變握住上層橫桿的手，依同樣的要領練習。

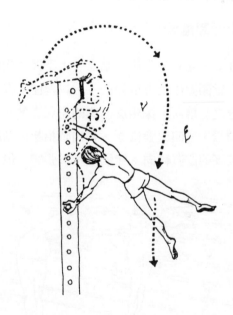

27、前旋轉側下（獨立的肋木）

腹部（重心位置）位於肋木的最上部和肋木保持直角，上下握住橫桿。

重心漸漸下移，而握住上層橫桿的手保持原位，下層的手依序往下面的橫桿移動，重心偏離橫桿往前轉的同時轉向四分之一，繞過側臥垂懸姿勢而下到地面。身體離開肋木之後應儘可能緩慢地做動作。

從肋木的最上部往前旋轉而下時，更換握上下橫桿的手以和前面相反的方向做動作。

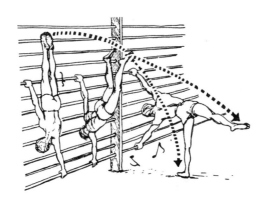

肋木體操

第五章
分組體操（利用肋木）

1、跪膝仰胸——B是練習者、A是輔助者——

①B背向肋木採正坐姿勢，手臂上舉握住手所碰觸的橫桿。A站在B的前面，雙手貼靠在B的背部（肩甲骨）。

②B伸展膝蓋採跪膝姿勢。A的膝蓋貼靠在B大腿的上部使其腰部安定，搭在B背上的手用全身的體重將A拉向自己的同時，讓B的胸部充分地反翹。A和B交換位置做同樣的運動。指令和動作必須配合。

2、從蹲踞做仰胸

B背向肋木雙膝併攏蹲踞，手臂上升握住後方的橫桿。A站在B的側邊。在指令下B伸展膝及腰部讓身體做大幅度的反翹。不可更換握住橫桿的手的位置。

A從側邊支撐B的背部朝斜上方按壓。靜止數秒後A鬆開手，B回復原來的蹲姿。B和A交換位置彼此輔助練習。

3、從仰臥做仰胸

　　B的頭朝向肋木採仰臥姿勢。雙手上舉握住，由下數來第二、三層的橫桿從下方保持姿勢。

　　A面向肋木跨站在B的腰際，身體前屈雙手環抱B的背部（肩甲骨上方）。從這個姿勢將B的胸膛抱離地面往A的方向拉。B的腰著地。

　　A和B配合著練習。交換位置練習。

4、壓背仰胸（1）

　　A面向肋木站立，握住與腰同高的橫桿，採體前倒姿勢。B背向肋木踩在橫桿而置身於A的雙手間，雙手搭在A背部肩甲骨的上方。B下達指令將體重移到雙手臂，對A的背部做彈性的下壓動作。

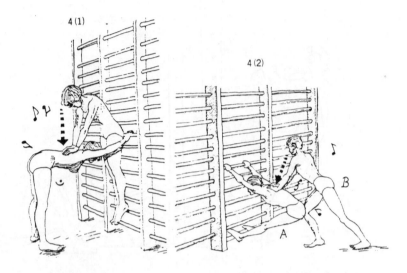

4(1)

4(2)

B

A

4、壓背仰胸（2）

　　A正對肋木雙手握住與腰同高的橫桿，雙腳搭在最下層的橫桿上，腰部往後移而手臂、膝蓋平直伸展，使身體呈く字型。B站在A的後方雙手搭在其肩甲骨上，從上方彈性地壓A的背部，背部挺直、挺胸，對脊柱造成刺激。

4(3)

4、壓背、仰胸（3）

A背靠在肋木的橫桿上站立。B朝向肋木採跪膝姿勢，彷彿雙手夾住A的姿勢握住A腳後的橫桿，從跪膝慢慢地呈正坐姿勢並挺直背脊。A將雙手按住呈前倒姿勢的B的背上，從上往下彈性地按壓。A和B交換位置做同樣的運動。

5、靠背、仰胸（1）

B面向肋木站立，雙手握住略低於胸膛的橫桿。A背靠著B的背。B彎曲膝蓋採低姿勢，A將背部仰靠在B背上並將雙手臂上舉，繞過B的肩膀握住橫桿。

B挺直肩和背往上推壓A的身體，A鬆弛胸膛的力氣讓身體反翹。B上體舒展開來之後試著搖晃身體。A和B交換位置反覆練習同樣的運動。或者B將身體朝斜上方搖晃。

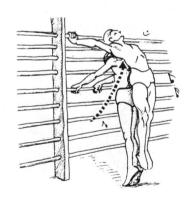

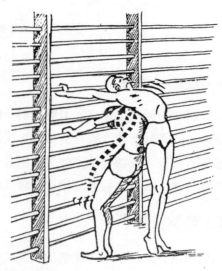

5、靠背、仰胸（2）

B爬上肋木的中層橫桿，面向肋木用蹲踞姿勢彎曲手肘及膝蓋使背部呈圓弧狀，頭在兩手間使全身縮小。

A握住比B所握的橫桿高一或兩層的橫桿，和B背對背垂懸。從這個姿勢B徐緩地伸展膝蓋探側向V字姿勢，試著以這個姿勢按壓A的身體。按壓二、三回後A、B交換位置進行同樣的動作。根據指令徐緩地做動作。

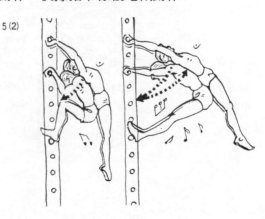

5(2)

6、背靠背、仰胸（1）

A面向肋木站立，B背靠著A的背站立。A採開腳姿勢握住與腰同高的橫桿蹲立。B背靠在A的背上雙手握住A所握橫桿的附近。A伸直膝蓋挺直背脊。B緊緊地靠住A的背部將體重置於背上並徐緩地伸直雙腳。剛開始呈水平狀，等到掌握要領後保持身體的平衡並儘量將腳尖抬起朝向肋木。

6、背靠背、仰胸（2）

A爬上與腰同高的橫桿上採開腳站立。B用雙手握住比A雙腳站立的位置高一層的橫桿，向前彎曲使身體保持直角、採前倒姿勢。A將臀部置於B的肩甲骨附近整個坐在B的肩上，用腳背勾住橫桿。A從這個姿勢用雙手抱住頭部徐緩地讓身體往後傾倒。接著緊縮腹肌抬起上體做前屈動作儘量使頭部靠近橫桿。練習數回後A、B交換位置進行。A是腹肌、B是背肌運動。交換練習。

6(2)

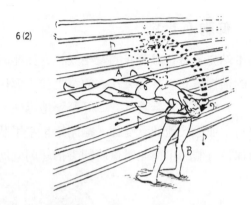

7、坐背、仰胸（ 1 ）

　　B面向肋木站立，雙手握住橫桿使胴體和左右張開的腳接近直角。A如騎馬狀坐在B的腰部，雙手置於B的肩上。B首先輕微地彎曲膝蓋。這時A不可將體重置於搭在B肩上的手臂。當B伸直膝蓋的同時，A將體重往前移到雙手臂上。換言之，B彷彿坐蹺蹺板的運動隨著B膝蓋的屈伸反覆搖擺運動。重要的是要彼此配合步調來做。

7(1)

7、坐背、仰胸（2）

　　B面向肋木採開腳站立，身體前倒儘量使腳和上體呈直角，雙手握住前方的橫桿。A將雙腳置於B握住橫桿的雙手間，用雙手握住高於其上二、三層的橫桿，腰身下落坐在B的肩甲骨上方。A先在手臂用力使自己的體重浮起以避免對B造成負擔，接著鬆弛手臂的力氣讓體重落在腰的部份。A、B必須配合這個運動並保持背脊的伸展。交換位置練習。

坐背、仰胸（3）

　　A爬上肋木的低層橫桿上，與肋木面向而對握住與胸同高的橫桿。B在A的後方採跪膝姿勢坐在地上，握住A所踩踏的橫桿上方一或二層的橫桿。接著B讓身體前倒，有如正坐的姿勢反翹身體。A把握住橫桿的手的位置往下方移動，坐在B的背部肩甲骨之間，把體重順勢落於B的胸部後方。

B做彈性的仰胸動作。A必須配合B的動作。絕對不可開玩笑或勉強行之。交換位置練習。

8、腳底支撐、仰胸

　　A將頭置於肋木附近,採仰臥姿勢手臂上舉握住橫桿。雙腳彎曲腳底朝上做預備動作。B站在A的臀部附近背向肋木站立,雙手握住後方的橫桿。

　　A用腳底踩在B的肩甲骨附近,伸直膝蓋支撐住B的身體。A做膝蓋的屈伸動作把B的身體推高使其胸膛仰起。B和A交換位置做同樣的運動。

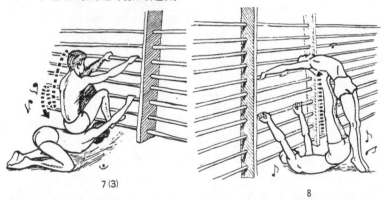

7(3)

8

9、腳支撐體水平垂懸朝上

　　B背靠在較高層的橫桿上做垂懸。儘量拉開握住橫桿的雙手間距離。雙腳前舉。A站在垂懸的B身前,雙手握住B的腳腕。A對B下指令後徐緩地將B的雙腳拉向自己的身側,使B的身體遠離肋木。A當B的身體完全伸展之後停止拉

力，讓Ｂ回復到原來的位置。練習數回之後Ａ和Ｂ交換位置
做同樣的運動。

10、腳底支撐、膝蓋屈伸

　　Ａ（前）和Ｂ（後）前後並排面向肋木站立。Ａ爬上二
、三層高的肋木等候動作。

　、Ｂ面向肋木仰臥在地，雙腳上舉彎曲膝蓋。這時Ｂ的臀
部離肋木的距離約２０～３０Ｃｃｍ。

　　爬上肋木的Ａ有如坐在椅上將臀部置於Ｂ的腳底，雙手
握住肋木。Ｂ做數回徐緩的膝蓋屈伸動作。當Ｂ的腳力變弱
時Ａ將腳搭在肋木上減輕其體重。Ａ和Ｂ交換位置練習。

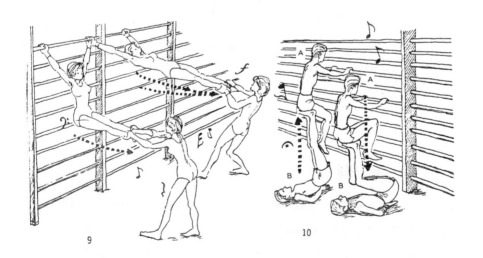

9　　　　　　　　　　　　　　　　10

11、單腳支撐前後開腳（1）

B面向肋木垂懸腳往後舉。A站在垂懸的B的後方，雙手握住B往後抬舉的腳，用單腳膝蓋頂住B沒有抬舉的一腳的膝蓋裡側（膝蓋後方），將B所抬起的腳往後上方高舉。B交換腳做同樣的動作。A和B交換位置練習。

11、抬　腳（2）

B背向肋木站立，手臂上舉握住手背碰觸的橫桿，單腳前舉。A站在B的前面，雙手握住B所前舉的單腳徐緩地往前拉。B保持支撐的腳不離地面，讓A拉所抬起的單腳而使身體上仰。A拉B的腳再使其回復原位，交換左右腳練習。

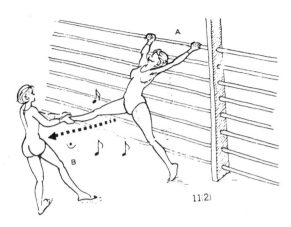

(11:2)

11、扛　　腳（3）

　　B面向肋木站立，雙手握住與腰同高的橫桿，用單腳支撐另一腳後舉，採天鵝型的平衡姿勢。A從後方用肩頂住B後舉的腳膝蓋附近，膝蓋伸展朝上方施力。這時B讓支撐的腳儘量靠近肋木而使身體充分地反仰。A反覆地將扛在肩上B的腳做上移、下落的動作，改換左右腳做同樣的練習。

　　A雙手握住B支撐的腳往自己的方向拉，同時用肩膀抬舉B的單腳。

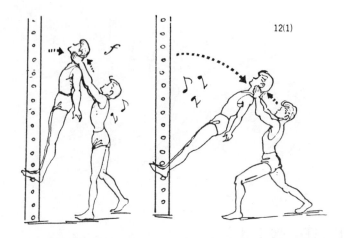

12(1)

12、後頭部支撐、體後倒（１）

　　B面向肋木雙腳搭在橫桿上，雙手握住與肩同高的橫桿。A站在B的後方用單手頂住B的頸項。B讓全身有如木棒一樣地挺直、下顎突出、在頸肌上特別用力，雙手遠離橫桿。A用雙手頂住B的頸項徐緩地讓其身體下移。接著將B的頸項往前上方推，使其回復原來的位置。回到原位之後A用雙手握住橫桿。A、B交換位置練習。

12、後頭部支撐、垂懸（２）

　　B面向肋木雙腳踩在較低的橫桿上，握住與腰同高的橫桿，A站在B的背後用單手由下支撐B的後頭部。B挺直下顎、頭部後屈、伸展胴體使體重置於A的單手臂上。接著彎曲雙腳讓自己的膝蓋貼靠在胸前，使整個身體縮小呈圓弧狀。接著徐緩地伸展身體回復到原來的姿勢。

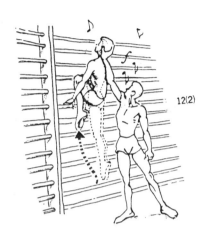

12(2)

其次、雙腳彎曲膝蓋貼靠在自己的胸前讓自己的身體縮小。然後再徐緩地伸展身體回復原來的姿勢。Ａ、Ｂ交換位置練習。

12、後頭部支撐、垂懸（3）

①Ｂ面向肋木站立，雙手握住與肩同高的橫桿。Ａ站在Ｂ的後方，雙手貼靠在Ｂ的後頭部以略微蹲踞的姿勢從較低的位置將Ｂ的身體往前上方推壓。Ｂ雙手用力撐將後頭部倒向Ａ的手上以跳躍上仰的姿勢將全身舒展開來。Ａ用雙手支撐Ｂ的身體。Ｂ靜止時彎曲膝蓋往上拉。

②和①同樣地Ａ用雙手支撐Ｂ的身體。Ｂ和Ａ配合步調做動作，Ａ的身體彷彿是時鐘的擺錘朝前後晃動。Ａ和Ｂ交換位置練習。

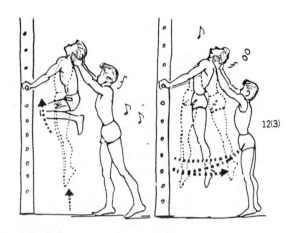

12(3)

13、肩車膝屈伸（１）

　　Ｂ將Ａ架在肩上面向肋木站立。Ｂ雙手握住與胸或腹同高的橫桿。

　　Ｂ利用橫桿穩住身體，並徐緩地做膝蓋的屈伸動作。

　　當Ｂ無法站起來時，Ａ將腳搭在橫桿上用雙手握住橫桿使體重偏向肋木側。主要是腳的屈伸運動。Ａ、Ｂ交換位置練習。

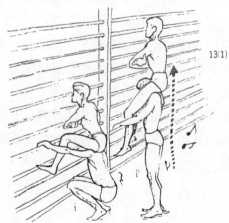

13(1)

13、踩肩膝屈伸（2）

　　首先，A爬上肋木。B面向肋木握住與胸同高的橫桿採蹲踞姿勢。

　　A將雙腳從橫桿移到B的肩膀上，雙腳夾住B的頭部站立。B用雙手拉住橫桿並站起身來。B無法站起身時A用雙手臂拉住橫桿讓體重偏向橫桿以減輕體重的負擔。交換位置練習。

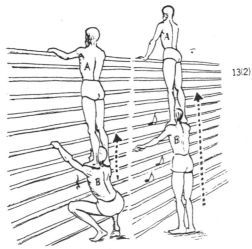

13(2)

14、肩車、蛇行攀爬

　　B將A搭在肩上站立。B以肩車的姿勢面向肋木站立，利用雙手、雙腳爬上肋木做左右移動、上下升降。A踩在B的肩膀上也做左右或上下等方向的移動，而自己也用手搭在橫桿上以保持平衡與安全。A和B交換位置練習。

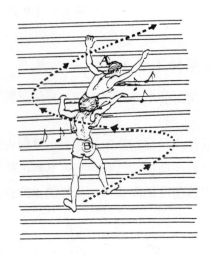

15、手推車爬橫桿

　　B採腕立伏臥姿勢，A握住B的雙腳腕在腰的位置支撐，面向肋木站立。在指令下二人配合步調朝肋木方向前進。

　　前進到肋木的B用手搭在橫桿上依序往上爬。A配合B漸漸升高的手的位置將所穩住的腳抬高。當B的腳位置來到A的頭上時，B彎曲膝蓋，A將B的腳靠近橫桿。然後B用腳踩住肋木依序爬下地面。A和B交換位置練習。

16、雙手支撐水平垂懸、體屈伸

B正對肋木站立，雙手握住與肩同高的橫桿。A從B的背後握住B的雙腳抬舉到頭上。B用雙手用力往下推的同時彎曲手臂，當腳被A往上抬時身體儘量保持平直避免腹部下垂。A對B下達「呈彎曲狀」的指令並將B的身體朝肋木方向推壓。B彎曲手臂及腳、背部使整個身體縮小成圓弧狀。

接著在A「伸展開來」的指令下徐緩地伸展身體。A隨著B身體的伸展慢慢地往後退。這是非常強烈的腹肌運動。

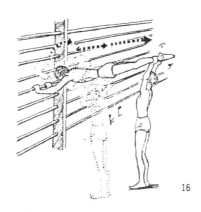

16

17、垂懸體前屈

B背向肋木垂懸，緊縮腹肌抬起雙腳。A握住B的雙腳往上抬起，推壓B的腳後部使其腳尖貼近B所握住的橫桿。接著A讓B自己抬起雙腳，待其抬起之後為其按壓。A、B交換位置練習。

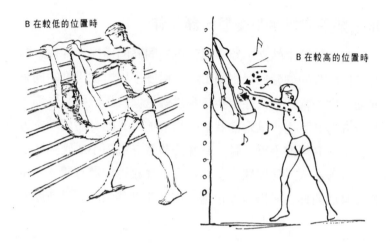

B 在較低的位置時

B 在較高的位置時

18、腳支撐、背面逆手支撐的運動

　　B背向肋木站立，以逆手握住橫桿蹲立。（雙手間的距離寬）。A和B面向站立，A抬起B的身體讓其膝蓋裡側架在肩上而扛起B。

　　A徐緩地將B的肩膀拉離肋木。讓B的肩膀時而碰觸肋木時而分離，A、B交換位置練習。

　　剛開始雙手握住的橫桿保持較寬的距離。慢慢地縮窄距離。交換練習。

19、移動擦身而過

　　A和B各自保持距離爬上肋木的中層位置。在指令下彼此往中央靠近。B身體緊貼橫桿慢步前進，而A則反之讓胸

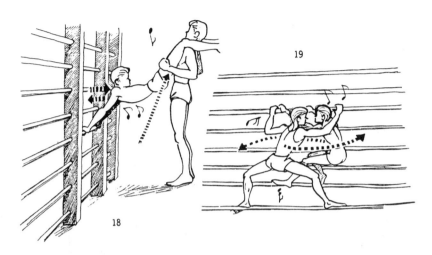

部、腹部遠離橫桿使Ｂ從其間的空隙通過。然後再一次往中央靠近。這次由Ａ在內側、Ｂ在外側做交叉方向的通過。儘量彼此不要碰觸而迅速地通過。

20、單腳支撐側向垂懸的運動（１）

　　Ｂ上下保持較大的距離握住肋木的橫桿，採側向支撐垂懸的姿勢，Ａ站在Ｂ的腳側，支撐下方的腳讓Ｂ的身體保持橫向水平的位置。Ｂ在１的動作彎曲往上舉的腳膝蓋讓腿貼靠胸膛，２的動作回復原位伸展膝蓋，３的動作甩向側上方，４的動作和另一腳併攏。同時讓抬起的腳碰觸下方的地板。改變方向做同樣的動作，也可用另一隻腳來練習。Ａ、Ｂ交換位置做練習。

　　Ａ的姿勢和前項一樣。Ｂ改由上方的腳讓Ａ支撐。Ｂ在①的動作是彎曲下方的腳膝蓋貼靠胸前、②讓Ａ保持平衡、

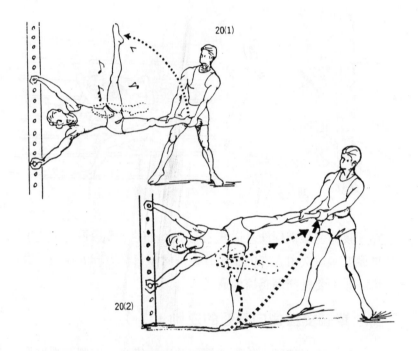

20(1)

20(2)

③彎曲的腳順著筆直伸展的腳伸開與另一隻腳併攏。④雙腳落地支撐體重。

21、二人一組側向垂懸（Ａ．Ｂ）

　　Ｂ站在肋木側邊上下握住橫桿，身體呈斜向垂懸。Ａ握住Ｂ的雙腳讓Ｂ的身體和地面幾乎保持水平。Ｂ拉上方的手而按下方的手儘量利用自己的力量保持側向水平位置，或將體重由Ａ支撐，交互練習。在指令下交互練習。

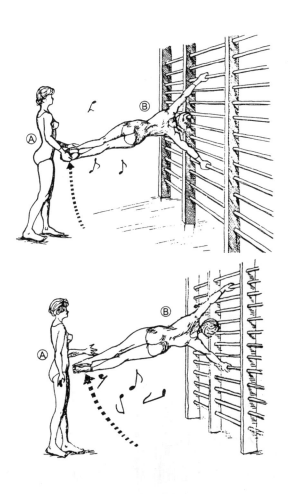

肋木體操

第六章
肋木＋手具＋器材
（球）（椅子）
（橡皮圈）（跳箱）

1、肋木上拍球

在地板上用單手做拍球運動。一邊拍球一邊走向肋木，雙腳踩上低層的橫桿上仍然持續拍球的動作。一旦掌握要領之後漸漸提高踩在橫桿上的位置。如果球偏離橫桿時急速走向橫桿或跳下來，避免拍球的動作中斷。試著看能夠連續拍幾次球。

2、用腳夾住球做扭轉運動

握住肋木的低層橫桿仰臥在地。用伸直的雙腳夾住球或皮球。

將夾住球的雙腳往上抬高和胴體成直角，徐緩地往左右傾倒。

反覆這個運動。

2

3、投球和踢球

　　A背向肋木垂懸在較高的位置。用雙手夾住B所投出的
球，緊縮腹肌反覆做前舉夾住球的雙腳的運動。接著鬆開球
彎曲膝蓋將腳底朝前做預備動作。然後將B所投過來的球用
腳底踢回。交換位置練習。

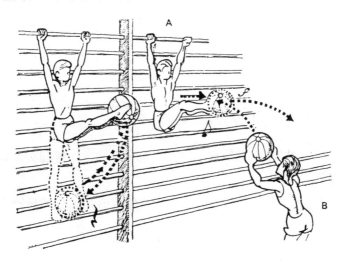

4、用腳投球

A握住肋木的上層橫桿背向垂懸。B讓球夾在A的腳尖。A用雙腳腕和腳的內側穩住球等候指令再急速地緊縮腹肌使身體呈ㄑ字型並將球投向前方。B接住球再將球讓A的雙腳夾住。使用皮球運動量更大。A和B交換位置練習。

5、用腳夾球做上下移動

用雙腳夾住籃球、排球、皮球等面向肋木站立。雙手舉高握住橫桿。將體重置於單手臂上讓另一隻手臂自由移動，運用彈力握住上層的橫桿。

這時不可將雙腳夾住的球掉落在地。如此爬上四、五層的橫桿之後，再往下移動到地面。

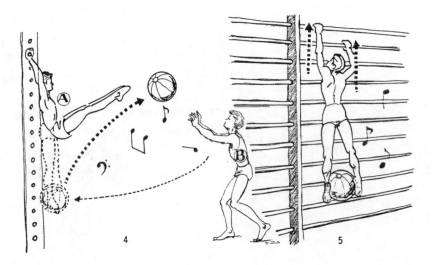

6、用腳夾球左右移動

讓他人將籃球或排球（或皮球）夾在自己的腳尖。用腳夾住球鬆開單手往側邊移動，移動一段距離後換另一隻手握住橫桿，再朝剛開始所握住的橫桿方向移動。以同樣的方法朝右或左移動。

7、踢高球

A爬到肋木的上方，用雙手握住球準備往下投的動作。B仰臥在球可能落地的位置，抬起雙腳腳底朝上準備接球的動作。

在指令下B用腳踢A所投下的球，讓球踢到A的手的位

置。

通常無法將球正確地踢回Ａ的手的位置，因此，Ｃ站在旁邊揀拾球交給Ａ。可以使用皮球。

Ａ、Ｂ、Ｃ三人交換位置練習。

8、利用球強化腹肌

將跳箱側擺放在肋木旁邊。俯臥在跳箱上，顧慮腹部正好位於跳箱的側邊來考慮跳箱應擺的位置，雙手握住比跳箱略高的橫桿。鬆弛腹肌用雙腳夾住事先準備好的皮球，緊縮腹肌反翹身體，將球舉高到頭的位置。反覆數回練習。同時瞬間地緊縮腹肌用腳試著將球踢向肋木。

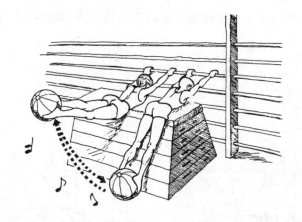

9、利用跳箱和球強化腹肌

跳箱側向擺在距離肋木２０～３０公分的位置。練習者將皮球握在體前坐在跳箱面對肋木，用腳尖或腳背頂住肋木

。首先將球舉高到頭上並用腳尖頂住肋木以支撐平衡，將身體反仰到後方直到球碰觸地面的程度。

　　抬起上身回復原來的位置。稍做休息後再反覆進行。這是強烈的腹肌運動。

10、利用橡皮圈強化腳力

　　用橡皮圈或橡皮條做成圓圈狀懸掛在低層的橫桿上。面向肋木單腳站立，用另一隻腳的腳底勾住橡皮圈。勾住橡皮圈的腳迅速地彎曲膝蓋往後拉，腳朝後方伸展和帶有彈性的肋木對抗。同時做輕快的跳躍並朝後方甩動地彈踢。也可握住橫桿來練習。

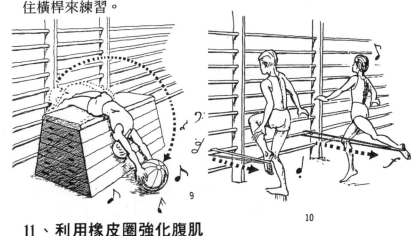

9

10

11、利用橡皮圈強化腹肌

　　用橡皮圈或橡皮條呈半圓狀掛在低層的橫桿上，練習者將身體置於其內，背向肋木採開腳長坐姿勢。雙手置於後方的橫桿、伸展手肘。從這個姿勢彎曲膝蓋使腰部離地，採腕

立仰臥姿勢並保持靜止。從這個姿勢試著彈性地抬高腰的位
置或用雙腳輕輕地彈跳。

　　擺下腰身休息之後再練習。

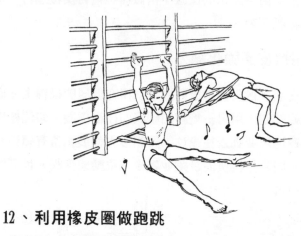

12、利用橡皮圈做跑跳

　　橡皮圈或橡皮條套在腰部並掛在與腰同高的橫桿上，背

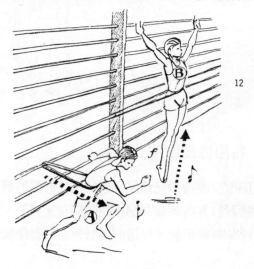

12

向肋木站立。

Ａ、對抗橡皮條的彈性往前方跑。身體前傾重心抬高，儘量高舉大腿往前跑。

Ｂ、稍微偏離肋木的橫桿使橡皮圈繃緊。在這個狀態下和橡皮圈的彈力對抗往上跳。

13、利用椅子和肋木強化腹肌

和肋木的距離約練習者的雙腳長，將椅子放在該處和肋木呈平行狀，面向肋木坐在椅上。伸直雙腳用腳背勾住最低層的橫桿，彎曲手肘抱住後頭部。手肘張開時伸展背肌，徐緩地讓身體後倒直到和下肢呈一直線。

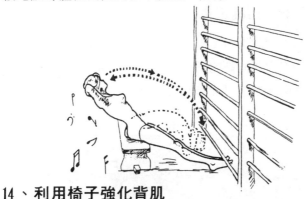

14、利用椅子強化背肌

將椅子側向擺在距離肋木約練習者腳長的位置。大腿部靠在椅子的正面，後腳跟頂住最低層的橫桿，採俯臥姿勢。從這姿勢上舉手臂並使身體保持筆直。接著上體前倒以支撐的上腿部為中心，讓上體有如扇子搧風式地上下擺動。

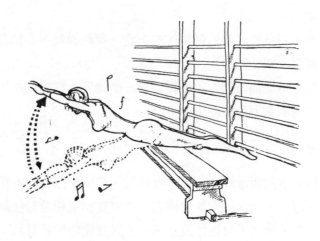

15、坐椅子、抬高運動

　　B將肋木用的滑台（木板尾端有兩個可架在橫桿上的半圓形鉤）架在與頭同高的橫桿上。A爬上肋木坐在滑板上與B相對。A剛開始儘可能跨坐在靠近肋木的位置。B用手掌

支撐滑板的另一側將其撐住在胸前肩高的位置蹲立或站立或雙手高舉滑板。練習數回之後Ａ、Ｂ交換位置練習。Ａ所坐的位置漸漸靠近Ｂ。

16、利用椅子、球強化腹肌

用椅子掛在與腰或胸同高的橫桿上做一道斜面。跨坐在該斜面上面對肋木，用腳背勾住橫桿。

仰臥在斜面上用上舉的雙手握住球或皮球。抬起上體使握住球的上體呈直角再往後傾倒回復原來的姿勢。中間可穿插仰臥的休息。試著瞬間且快速做運動或徐緩地做練習。

肋木體操

第七章
倒立＋平衡＋其他運動

1、利用肋木輔助倒立

練習倒立時利用肋木相當有效。首先在距離肋木２０～
３０公分的地方將雙手觸地，單腳朝後上彈起、體重移到雙
手臂上做倒立動作。用腳底推壓橫桿使單腳或雙腳著地。這
時彎曲膝蓋讓腳著地於手臂附近。Ａ是用單腳踩踏、Ｂ是用
雙腳踩踏的方式做倒立動作。

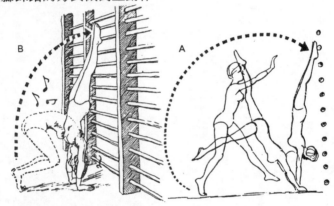

2、腳支撐腕立仰臥

面向肋木而坐，雙手置於身後，雙腳搭在橫桿上呈Ｖ字

姿勢。從這個姿勢彷彿用腳步行般地用腳底依序踩上橫桿慢慢提高腳的位置。同時，將體重置於雙手臂、臀部偏離地板，漸漸呈倒立姿勢。腳的位置抬得相當高時，用和前述相反的動作回復到原來的姿勢。掌握要領之後利用腰的反動讓雙腳同時移向上方，試著提高腳的位置直到變成倒立姿勢。

３、肩支撐背面倒立

面向肋木而坐，雙腳上舉讓背部靠在肋木呈背面倒立姿勢，雙手握住最下方的橫桿。背部離開地面將靠在肋木上層的腳偏離橫桿使其碰觸頭後方的地面。反覆以上的運動。

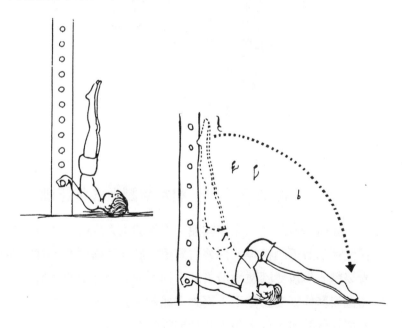

4、A　背面逆垂懸——腳的運動

面向肋木站立，身體做深度的前屈的同時雙手臂從後往上舉，手掌貼靠在肋木，紮實地握住手所碰觸的橫桿。

接著以後頭部、背部為支點上舉雙腳呈逆垂懸的姿勢。從這個姿勢上下擺動雙腳使其接近地面。這是最適宜強化腹肌、背肌的運動。

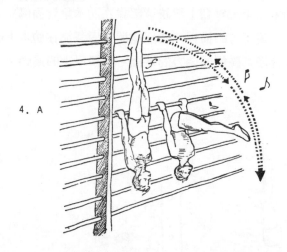

5、B　背面逆垂懸——利用雙腳做各種運動

面向肋木站立，深度前屈、手臂朝後方旋轉，伸直手肘握住腰部附近的橫桿。接著將體重置於握住橫桿的手臂呈垂懸姿勢。然後雙腳離地沿著肋木伸展變成倒立垂懸姿勢。從這個姿勢伸展雙腳做上下擺動或屈伸運動。另外，徐緩地將背部遠離肋木，以上體下肢伸展的姿勢試著朝前方傾倒。

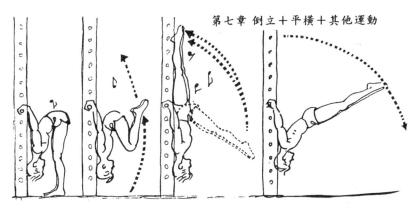

6、腳支撐腕立伏臥──倒立移行（1）

背向肋木站立，雙腳腳腕或腳尖搭在肋木的橫桿上採腕立伏臥姿勢。接著從這個姿勢讓手的位置慢慢靠近肋木、抬高腳的位置呈倒立姿勢。或者反向讓手的位置偏離肋木回復到原先腕立伏臥的位置。

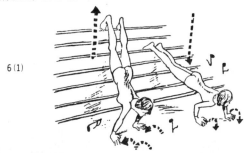

6(1)

6、腳支撐腕立伏臥──倒立移行（2）

將腳背或腳腕靠在肋木的低層橫桿上採腕立伏臥姿勢。然後漸漸抬高腳的位置，用手臂往後方步行似地接近肋木。接著腹部貼靠在肋木面呈倒立狀。其次用手臂慢慢往前步行回復到原先腕立伏臥的姿勢。

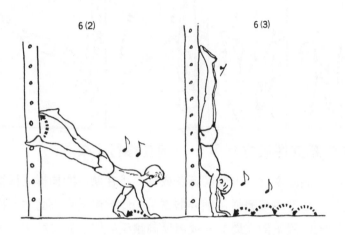

6 (2)   6 (3)

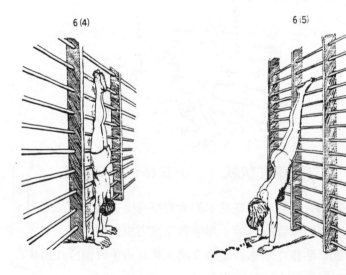

6 (4)   6 (5)

7、倒立──拱橋移行

　　這也是練習身體做成拱橋狀並有助於鍛鍊背肌、腹肌又能培養平衡能力。面向肋木、雙手著地、用單腳或雙腳踩踏地倒立。保持倒立的姿勢讓手的位置漸漸偏離肋木的同時，使腳的位置漸漸下移而反仰身體。可以從這個姿勢變成拱橋狀或在途中回復到原先倒立的位置。

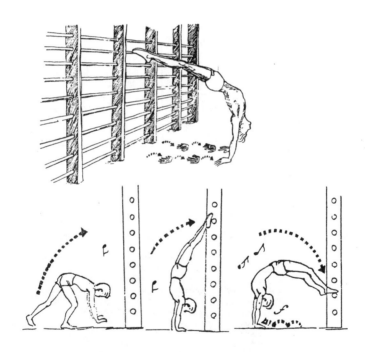

8、直立——拱橋移行

背向肋木站立，手臂上舉握住手背碰觸的橫桿。接著讓身體反仰使得眼睛注視到橫桿的位置然後依序往下握住橫桿讓身體極度地反翹。腳必須隨著這個動作漸漸地往前移動。讓手下落到地板的位置做成拱橋狀或在途中用前述相反的動作回復到原來站立的姿勢。以上的動作必須循序漸進才能提高柔軟度。

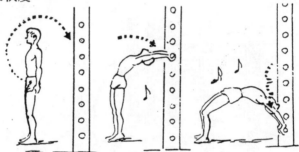

9、倒立側走

呈倒立讓腹部貼靠在肋木。接著用倒立的姿勢朝側邊移動。換言之，將體重置於單手上用其他的手往側邊移動。

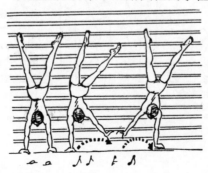

然後再將體重置於往側邊移動的手。剛開始手的位置略為偏離肋木。掌握要領之後在肋木的跟前做大幅度移動的練習。這是沿著肋木利用手臂側走的運動。

10、倒立轉向走

腹部朝向肋木呈開腳狀倒立。然後將重心置於單手臂上，以該手臂為軸做二分之一轉向，然後將另一隻手臂移轉到相反側以背面朝向肋木呈倒立狀。接著將重心置於移動的手臂上回復到腹面朝向肋木的倒立狀。

11、從立位做體前倒運動旋轉

面向肋木保持５０公分的距離站立。身體筆直有如木棒般地朝肋木傾倒，手臂彎曲用雙手握住胸側的橫桿。

伸直手臂用力推橫桿回復原來的姿勢。接著用手臂推橫桿的同時做二分之一轉向，使身體朝向後方站立。然後以後向的姿勢讓身體朝後方傾倒再做二分之一轉向握住橫桿。掌握要領之後以一回轉向做連續動作。

腳的位置離開肋木時會提高運動量與難度。

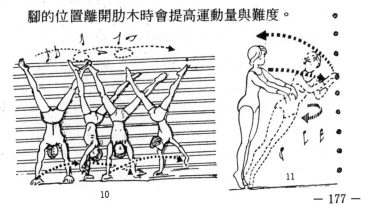

10

11

12、單腳支撐、腳屈伸（1）

　　站在肋木旁邊用單手握住橫桿。體重置於單腳上，另一腳往前舉。徐緩地彎曲支撐的腳呈蹲踞姿勢。伸直支撐腳回復原來的姿勢。用單手握住橫桿保持平衡以避免姿勢歪斜，同時做支撐腳的屈伸運動。

　　改變方向及支撐的腳做練習。

12、單腳支撐、腳屈伸（2）

　　側向站在肋木邊，單手握住橫桿，另一手前舉，用另一腳保持平衡並做站立、蹲立的連續動作。

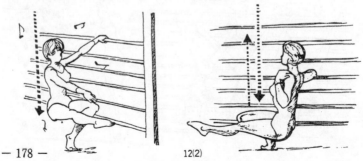

　　12(2)

12、單腳支撐、腳屈伸（3）

　　和肋木保持一點距離側向站立。靠近肋木側的腳朝側邊抬起，用腳底搭在與腰同高的橫桿上，用手臂抱住頭部。彎曲支撐腳將重心徐緩地下移，再回復原來的姿勢。儘量保持上體的筆直。更換支撐腳再練習。

13、單腳跨立天鵝型平衡體前屈（1）

　　背向肋木站立，單腳舉向後方用其腳背勾住肋木的橫桿站立。鬆弛上體的力氣做前屈動作，讓雙手臂碰觸前方的地板。其次抬起上體做天鵝型的平衡動作。鬆弛上體力氣前屈。反覆練習這個運動。

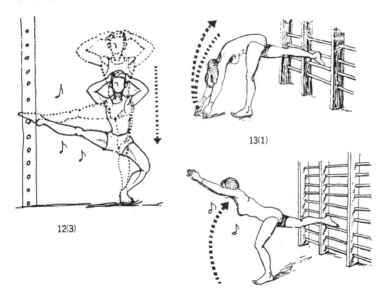

12(3)

13(1)

13、前屈天鵝平衡（2）

　　面向肋木站立，雙手握住與胸同高的橫桿。讓胸部遠離橫桿的同時彎曲膝蓋做彈性的體前屈，接著單腳朝後上方彈起的同時身體上仰保持天鵝的平衡狀。

　　更換左右腳反覆同樣的動作。

14、單腳勾住橫桿、天鵝型平衡膝屈伸

　　背向肋木站立，單腳朝後方上舉，用腳背搭在肋木上站立。雙手臂上舉、伸展身體呈天鵝型平衡的姿勢。

　　接著迅速地彎曲支撐腳，利用反動使身體上揚。腳背搭在橫桿上做這個動作。盡可能試著輕快地跳躍。手臂可往上抬舉。改變支撐腳練習。

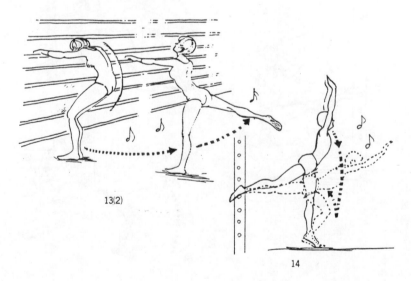

13(2)

14

15、垂懸側跳

正對肋木用雙手臂握住橫桿，採垂懸站立姿勢、彎曲雙膝。輕輕地往左右跳改變腳的位置。利用垂懸力順勢往左右移動。

16、正對垂懸——彎膝踩高

正對肋木垂懸。這時身體的前面緊靠在肋木上。瞬間地緊縮背肌使雙腳遠離肋木。

接著利用身體偏離肋木的反動瞬間地彎曲膝蓋，讓雙腳貼靠胸前並將雙腳置於胸部附近的橫桿上。

反覆數回以上的運動。

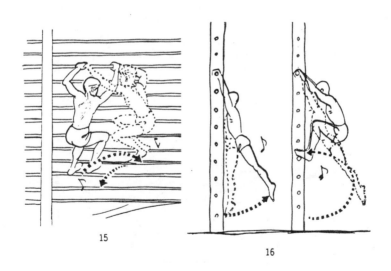

15

16

17、腳支撐腕立伏臥──彈跳而下

　　用雙腳的腳背掛在肋木上採腕立伏臥姿勢。剛開始肋木的橫桿位置高於頭的位置。

　　首先鬆弛腹肌落下腰身做彈性的上下晃動後，利用彈力使腳背離開橫桿，體重置於雙臂上著地站立。

　　在彈墊上練習時，可以讓身體彈起之後做前轉的連續動作。這是器械運動的最佳輔助運動。

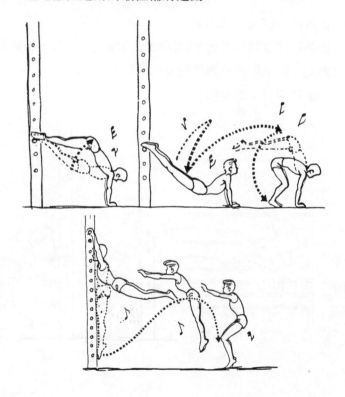

18、伸膝站立

　　背向肋木站立。肋木和腳的位置剛開始保持約３０公分的距離。重心移向後方使身體呈く字型、臀部貼靠在橫桿上。這時不使用手也不可彎曲膝蓋。接著臀部往後推壓橫桿，讓身體呈筆直狀回復原來的直立姿勢。試著讓腳後跟的位置漸漸遠離肋木。這個運動有助於彈墊運動中的伸膝前轉。

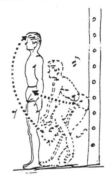

19、前方下、後方下

　　1　肋木的爬上法、爬下法

　　肋木彷彿枝幹眾多的樹木一樣有許多攀爬的位置，因而攀爬得容易下落也安全。如果在攀爬的方式上期待有運動的目的，則利用手和腳協力攀爬或只用手臂攀爬，也可以用單腳交互或雙腳同時等方法來攀爬，而其中並沒有最好或不能行的方法。但是，從肋木上下落時唯獨「跳下」的方法既安全又便利，又可適用其他的運動器材，因而應該在早期習得這項技法。

　　從正面下來的方法：

　　背向肋木用雙手臂做垂懸。接著瞬間地緊縮腹肌將雙腳往前彈出，雙腳離開橫桿時挺起胸膛並鬆開手往前方跳落而下。雙腳往前伸時絕對不可靜止動作。

　　2　與肋木正對垂懸，身體前面貼靠在橫桿上。瞬間地緊縮背肌使身體呈弓字型，雙腳離開橫桿。接著將背部縮成圓弧狀並往前推肋木，使身體浮起再往後方跳落而下。地面上最好舖著彈墊。

作者簡介

濱田靖一

1914 年 7 月 10 日生

住址：神奈川縣川崎市多摩區生田 6 － 36 － 34

1940 年　日本體育會體操學校高等師範科畢業

1941 年　厚生省體育官

1946 年　文部省體育官

1954 年　日本體育大學副教授

1962 年　日本大學教授

1971 年　日本大學大學院教授

1985 年　日本大學名譽教授

〈著作〉

體操手冊、團體體操等多數

大展出版社有限公司	圖書目錄

地址：台北市北投區11204　　電話：(02) 8236031
　　　致遠一路二段12巷1號　　　　　　8236033
郵撥：0166955～1　　　　　　傳眞：(02) 8272069

・法律專欄連載・ 電腦編號 58

台大法學院　法律學系／策劃
　　　　　　法律服務社／編著

①別讓您的權利睡著了①		200元
②別讓您的權利睡著了②		200元

・秘傳占卜系列・ 電腦編號 14

①手相術	淺野八郎著	150元
②人相術	淺野八郎著	150元
③西洋占星術	淺野八郎著	150元
④中國神奇占卜	淺野八郎著	150元
⑤夢判斷	淺野八郎著	150元
⑥前世、來世占卜	淺野八郎著	150元
⑦法國式血型學	淺野八郎著	150元
⑧靈感、符咒學	淺野八郎著	150元
⑨紙牌占卜學	淺野八郎著	150元
⑩ＥＳＰ超能力占卜	淺野八郎著	150元
⑪猶太數的秘術	淺野八郎著	150元
⑫新心理測驗	淺野八郎著	160元

・趣味心理講座・ 電腦編號 15

①性格測驗1	探索男與女	淺野八郎著	140元
②性格測驗2	透視人心奧秘	淺野八郎著	140元
③性格測驗3	發現陌生的自己	淺野八郎著	140元
④性格測驗4	發現你的真面目	淺野八郎著	140元
⑤性格測驗5	讓你們吃驚	淺野八郎著	140元
⑥性格測驗6	洞穿心理盲點	淺野八郎著	140元
⑦性格測驗7	探索對方心理	淺野八郎著	140元
⑧性格測驗8	由吃認識自己	淺野八郎著	140元
⑨性格測驗9	戀愛知多少	淺野八郎著	140元

⑩性格測驗10　由裝扮瞭解人心　　　淺野八郎著　140元
⑪性格測驗11　敲開內心玄機　　　　淺野八郎著　140元
⑫性格測驗12　透視你的未來　　　　淺野八郎著　140元
⑬血型與你的一生　　　　　　　　　淺野八郎著　140元
⑭趣味推理遊戲　　　　　　　　　　淺野八郎著　160元
⑮行爲語言解析　　　　　　　　　　淺野八郎著　160元

・婦 幼 天 地・電腦編號 16

①八萬人減肥成果　　　　　　　　　黃靜香譯　150元
②三分鐘減肥體操　　　　　　　　　楊鴻儒譯　150元
③窈窕淑女美髮秘訣　　　　　　　　柯素娥譯　130元
④使妳更迷人　　　　　　　　　　　成　玉譯　130元
⑤女性的更年期　　　　　　　　　　官舒姸編譯　160元
⑥胎內育兒法　　　　　　　　　　　李玉瓊編譯　150元
⑦早產兒袋鼠式護理　　　　　　　　唐岱蘭譯　200元
⑧初次懷孕與生產　　　　　　婦幼天地編譯組　180元
⑨初次育兒12個月　　　　　　婦幼天地編譯組　180元
⑩斷乳食與幼兒食　　　　　　婦幼天地編譯組　180元
⑪培養幼兒能力與性向　　　　婦幼天地編譯組　180元
⑫培養幼兒創造力的玩具與遊戲　婦幼天地編譯組　180元
⑬幼兒的症狀與疾病　　　　　婦幼天地編譯組　180元
⑭腿部苗條健美法　　　　　　婦幼天地編譯組　150元
⑮女性腰痛別忽視　　　　　　婦幼天地編譯組　150元
⑯舒展身心體操術　　　　　　　　　李玉瓊編譯　130元
⑰三分鐘臉部體操　　　　　　　　　趙薇妮著　160元
⑱生動的笑容表情術　　　　　　　　趙薇妮著　160元
⑲心曠神怡減肥法　　　　　　　　　川津祐介著　130元
⑳內衣使妳更美麗　　　　　　　　　陳玄茹譯　130元
㉑瑜伽美姿美容　　　　　　　　　　黃靜香編著　150元
㉒高雅女性裝扮學　　　　　　　　　陳珮玲譯　180元
㉓蠶糞肌膚美顏法　　　　　　　　　坂梨秀子著　160元
㉔認識妳的身體　　　　　　　　　　李玉瓊譯　160元
㉕產後恢復苗條體態　　　　居理安・芙萊喬著　200元
㉖正確護髮美容法　　　　　　　　山崎伊久江著　180元
㉗安琪拉美姿養生學　　　　　安琪拉蘭斯博瑞著　180元

・青 春 天 地・電腦編號 17

①A血型與星座　　　　　　　　　　柯素娥編譯　120元
②B血型與星座　　　　　　　　　　柯素娥編譯　120元

⑥胃部強健法　　　　　　　　陳炳崑譯　120元
⑦癌症早期檢查法　　　　　　廖松濤譯　160元
⑧老人痴呆症防止法　　　　　柯素娥編譯　130元
⑨松葉汁健康飲料　　　　　　陳麗芬編譯　130元
⑩揉肚臍健康法　　　　　　　永井秋夫著　150元
⑪過勞死、猝死的預防　　　　卓秀貞編譯　130元
⑫高血壓治療與飲食　　　　　藤山順豐著　150元
⑬老人看護指南　　　　　　　柯素娥編譯　150元
⑭美容外科淺談　　　　　　　楊啟宏著　150元
⑮美容外科新境界　　　　　　楊啟宏著　150元
⑯鹽是天然的醫生　　　　　　西英司郎著　140元
⑰年輕十歲不是夢　　　　　　梁瑞麟譯　200元
⑱茶料理治百病　　　　　　　桑野和民著　180元
⑲綠茶治病寶典　　　　　　　桑野和民著　150元
⑳杜仲茶養顏減肥法　　　　　西田博著　150元
㉑蜂膠驚人療效　　　　　　　瀨長良三郎著　150元
㉒蜂膠治百病　　　　　　　　瀨長良三郎著　150元
㉓醫藥與生活　　　　　　　　鄭炳全著　180元
㉔鈣長生寶典　　　　　　　　落合敏著　180元
㉕大蒜長生寶典　　　　　　　木下繁太郎著　160元
㉖居家自我健康檢查　　　　　石川恭三著　160元
㉗永恒的健康人生　　　　　　李秀鈴譯　200元
㉘大豆卵磷脂長生寶典　　　　劉雪卿譯　150元
㉙芳香療法　　　　　　　　　梁艾琳譯　160元
㉚醋長生寶典　　　　　　　　柯素娥譯　180元
㉛從星座透視健康　　　席拉・吉蒂斯著　180元
㉜愉悅自在保健學　　　　　　野本二士夫著　160元
㉝裸睡健康法　　　　　　　　丸山淳士等著　160元
㉞糖尿病預防與治療　　　　　藤田順豐著　180元
㉟維他命長生寶典　　　　　　菅原明子著　180元
㊱維他命C新效果　　　　　　鐘文訓編　150元
㊲手、腳病理按摩　　　　　　堤芳郎著　160元
㊳AIDS瞭解與預防　　　　彼得塔歇爾著　180元
㊴甲殼質殼聚糖健康法　　　　沈永嘉譯　160元

・實用女性學講座・ 電腦編號 19

①解讀女性內心世界　　　　　島田一男著　150元
②塑造成熟的女性　　　　　　島田一男著　150元
③女性整體裝扮學　　　　　　黃靜香編著　180元
④女性應對禮儀　　　　　　　黃靜香編著　180元

・校園系列・ 電腦編號 20

①讀書集中術	多湖輝著	150元
②應考的訣竅	多湖輝著	150元
③輕鬆讀書贏得聯考	多湖輝著	150元
④讀書記憶秘訣	多湖輝著	150元
⑤視力恢復！超速讀術	江錦雲譯	180元

・實用心理學講座・ 電腦編號 21

①拆穿欺騙伎倆	多湖輝著	140元
②創造好構想	多湖輝著	140元
③面對面心理術	多湖輝著	160元
④偽裝心理術	多湖輝著	140元
⑤透視人性弱點	多湖輝著	140元
⑥自我表現術	多湖輝著	150元
⑦不可思議的人性心理	多湖輝著	150元
⑧催眠術入門	多湖輝著	150元
⑨責罵部屬的藝術	多湖輝著	150元
⑩精神力	多湖輝著	150元
⑪厚黑說服術	多湖輝著	150元
⑫集中力	多湖輝著	150元
⑬構想力	多湖輝著	150元
⑭深層心理術	多湖輝著	160元
⑮深層語言術	多湖輝著	160元
⑯深層說服術	多湖輝著	180元
⑰掌握潛在心理	多湖輝著	160元

・超現實心理講座・ 電腦編號 22

①超意識覺醒法	詹蔚芬編譯	130元
②護摩秘法與人生	劉名揚編譯	130元
③秘法！超級仙術入門	陸　明譯	150元
④給地球人的訊息	柯素娥編著	150元
⑤密教的神通力	劉名揚編著	130元
⑥神秘奇妙的世界	平川陽一著	180元
⑦地球文明的超革命	吳秋嬌譯	200元
⑧力量石的秘密	吳秋嬌譯	180元
⑨超能力的靈異世界	馬小莉譯	200元

・養 生 保 健 ・電腦編號 23

①醫療養生氣功	黃孝寬著	250元
②中國氣功圖譜	余功保著	230元
③少林醫療氣功精粹	井玉蘭著	250元
④龍形實用氣功	吳大才等著	220元
⑤魚戲增視強身氣功	宮 嬰著	220元
⑥嚴新氣功	前新培金著	250元
⑦道家玄牝氣功	張 章著	200元
⑧仙家秘傳祛病功	李遠國著	160元
⑨少林十大健身功	秦慶豐著	180元
⑩中國自控氣功	張明武著	250元
⑪醫療防癌氣功	黃孝寬著	250元
⑫醫療強身氣功	黃孝寬著	250元
⑬醫療點穴氣功	黃孝寬著	220元
⑭中國八卦如意功	趙維漢著	

・社 會 人 智 囊 ・電腦編號 24

①糾紛談判術	清水增三著	160元
②創造關鍵術	淺野八郎著	150元
③觀人術	淺野八郎著	180元
④應急詭辯術	廖英迪編著	160元
⑤天才家學習術	木原武一著	160元
⑥猫型狗式鑑人術	淺野八郎著	180元
⑦逆轉運掌握術	淺野八郎著	180元
⑧人際圓融術	澀谷昌三著	160元

・精 選 系 列 ・電腦編號 25

①毛澤東與鄧小平	渡邊利夫等著	280元
②中國大崩裂	江戶介雄著	180元
③台灣・亞洲奇蹟	上村幸治著	220元
④7-ELEVEN高盈收策略	國友隆一著	180元

・運 動 遊 戲 ・電腦編號 26

①雙人運動	李玉瓊譯	160元
②愉快的跳繩運動	廖玉山譯	180元
③運動會項目精選	王佑京譯	150元

國立中央圖書館出版品預行編目資料

肋木體操／濱田靖一著；廖玉山譯
　　－－初版－－臺北市；大展．民84
　　　　面；　　　公分，－（運動遊戲；4）
　　譯自：ろくぼく體操
　　ISBN　　957-557-566-0（平裝）

　1. 體操

528.935　　　　　　　　　　　　　　　　84013256

ROKUBOKU TAISOU
© SEIICHI HAMADA 1992
Originally published in Japan in 1992 by
BASEBALL MAGAZINE SHA CO.,LTD..
Chinese translation rights arranged through
TOHAN CORPORATION,TOKYO
and KEIO Cultural Enterprise CO.,LTD

肋木體操

ISBN 957-557-566-0

原 著 者／濱田靖一　　　　承 印 者／國順圖書印刷公司

編 譯 者／廖　玉　山　　　裝　　訂／嶸興裝訂有限公司

發 行 人／蔡　森　明　　　排 版 者／千賓電腦打字有限公司

出 版 者／大展出版社有限公司　電　　話／（02）8836052

社　　址／台北市北投區（石牌）

　　　　　致遠一路二段12巷1號　初　　版／1995年（民84年）12月

電　　話／（02）8236031・8236033

傳　　眞／（02）8272069

郵政劃撥／0166955－1　　　　定　　價／150元

登 記 證／局版臺業字第2171號